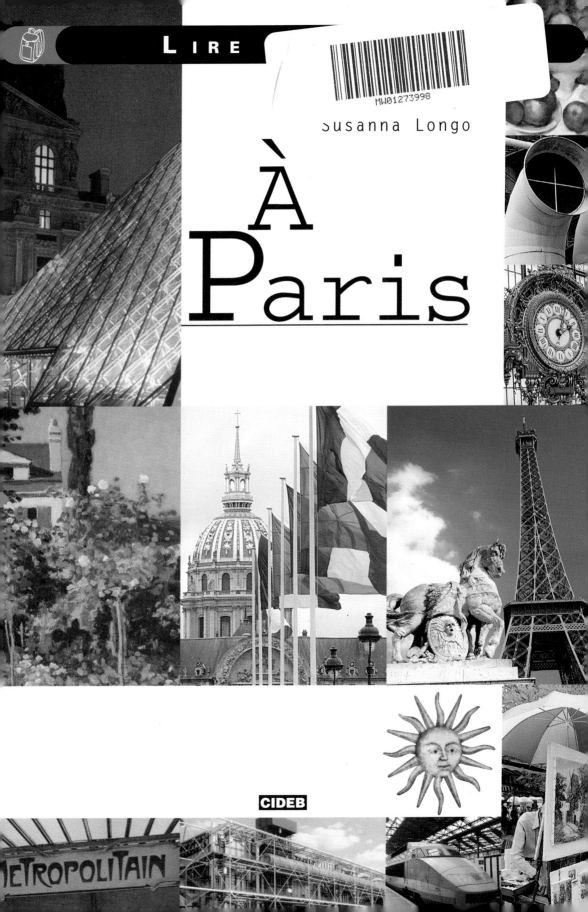

LIRE

Susanna Longo

À Paris

CIDEB

Rédaction : Patricia Ghezzi
Conception graphique : Nadia Maestri
Mise en page : Sara Blasigh
Photographies : archives Cideb, Paolo Maria Airenti, Michele Saponaro

Première édition : mai 1999

10 9 8 7 6 5 4 3 2 1

Régine Boutégège est l'auteur des itinéraires 1, 7, 9, 10 et Susanna Longo des itinéraires 2, 3, 4, 5, 6, 8.

Pour toute suggestion ou information la rédaction peut être contactée à l'adresse suivante :
Cideb Editrice – Piazza Garibaldi 11/2 – 16035 Rapallo (GE)
Fax 0185/230100 – e-mail: cidebedi@rapallo.newnetworks.it

PRINTED ON FREELIFE®FEDRIGONI

ISBN 88-7754-489-9

Imprimé en Italie par Litoprint, Genova

SOMMAIRE

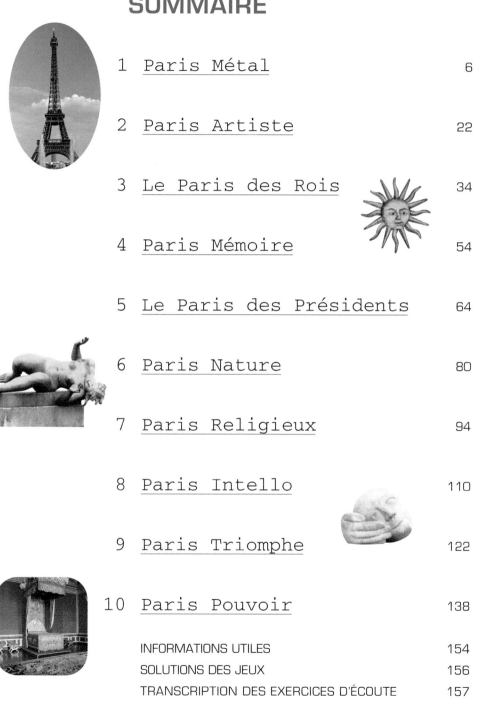

Tous les dialogues sont enregistrés.

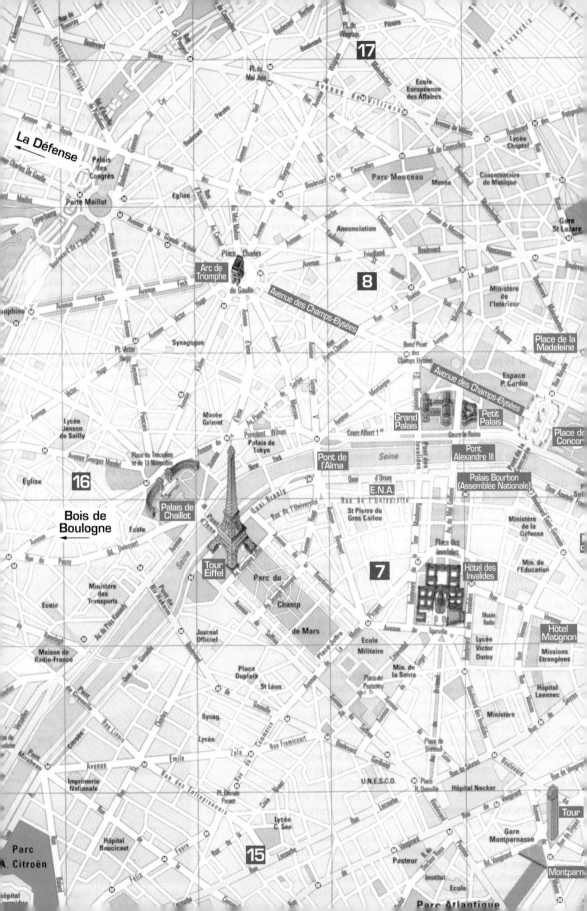

Montmartre

Basilique du
Sacré-Cœur

18

19

La Villette

Place
Pigalle

Lycée
J. Decour

Hôpital
Lariboisière

Boulevard de la Chapelle

Boulevard de la Chapelle

St Georges

St Vincent
de Paul

Gare du
Nord

Place du
Colonel Fabien

9

Bd. Haussmann

Gare de
l'Est

10

Hôpital
St Louis

Pl. de
Opéra

Bd. Montmartre

Bd. des Italiens

Bd.
Poissonnière

Bd. de
Bonne Nouvelle

Bd. St-Denis

Bd. St-Martin

2

Place de
la République

11

Bibliothèque
Nationale

Conservatoire
National
des Arts
et Métiers

Place du
Dôme

Palais
Royal

Bourse du
Commerce

Les Halles

3

Archives
Nationales

1

Place du
Carrousel

Louvre

Centre G.
Pompidou

Musée

Le Marais

Place des
Vosges

Pont
Carrousel

Seine

Pont
des Arts

Quai du Louvre

Conciergerie

ÎLE DE
LA CITÉ

Hôtel
de Ville

Place de
la Bastille

4

Lycée

Opéra
Bastille

Boulevard Saint-Germain

Quartier
Latin

Musée
de Cluny

Notre-
Dame

ÎLE ST-LOUIS

12

6

Sorbonne

Lycée Louis
Le Grand

Institut du
Monde Arabe

Promenade Plantée

Palais du
Luxembourg

Jardin du

Luxembourg

Mairie

Panthéon

Universités Paris VI
Paris VII Pierre et
Marie Curie

Place
Jussieu

Gare
de Lyon

Pont
d'Austerlitz

École
Nationale Supre
de Chimie

5

Jardin des Plantes

Bois de
Vincennes

Lycée
Montaigne

Université
de Droit

14

Val de Grâce

Musée National
d'Histoire Naturelle

13

Gare
d'Austerlitz

Seine

Bibliothèque Nationale

Palais Omnisp

📼 On se retrouve

Hassan et Aline habitent à Paris. Ils sont à la gare d'Austerlitz. Ils attendent leurs amis Antoine et Juliette. Pendant quelques jours, ils vont leur faire visiter la capitale.

Hassan : Mais qu'est-ce qu'il fait ? Il est déjà 11 heures et son train est arrivé gare de l'Est à 9 heures... Il devrait déjà être là !

Aline : Tu connais Antoine ! À mon avis, il est encore à Nancy ! Il ne s'est pas réveillé et il a raté son train [1]!

Antoine : Aline ! Hassan !

Hassan : Ah ! Le voilà ! Enfin !

Aline : Salut ! Et alors, qu'est-ce qui t'est arrivé ? Ça fait une heure qu'on t'attend !

Antoine : Je me suis perdu dans le métro.

Hassan : Mais ce n'est pas possible ! Comment tu as fait ? Je t'avais pourtant bien expliqué !

1. **il a raté son train** : il est arrivé trop tard pour prendre son train.

MÉTROPOLITAIN

Antoine : Je sais, mais j'ai pris la mauvaise direction... et je me suis retrouvé sur le mauvais quai [1]! Heureusement, j'ai rencontré une fille sympa qui m'a aidé... Pas mal, les Parisiennes !

Aline : Alors tu l'as fait exprès [2]!

Hassan : Il ne manque plus que Juliette. Son train va arriver dans deux minutes...

(Haut-parleur) : Le train en provenance de Bordeaux entre en gare voie numéro 12.

Aline, Antoine : Salut Juliette ! Tu as fait bon voyage ?

Juliette : Oui merci.

Hassan : Pas trop fatiguée ?

Juliette : Pas du tout ! Alors, par quoi on commence ? Je veux tout voir ! Vous savez, c'est la première fois que je viens à Paris.

Antoine : Moi, je veux monter tout de suite sur la tour Eiffel !

Hassan : Eh bien, on va d'abord aller déposer vos sacs chez moi et puis on part... à l'assaut de la Tour Eiffel !

1. **quai** : endroit où les voyageurs attendent le train.
2. **exprès** : intentionnellement, volontairement.

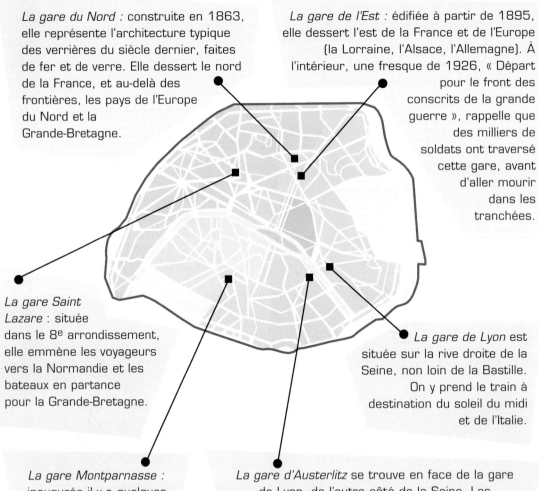

À SAVOIR

Les gares de Paris

Les gares parisiennes ont été construites à la fin du XIXe siècle et au début du XXe. Certaines ont disparu, d'autres ont subi de grandes transformations pour s'adapter aux progrès techniques. Aujourd'hui, des milliers de voyageurs se croisent chaque jour dans les six grandes gares parisiennes.

La gare du Nord : construite en 1863, elle représente l'architecture typique des verrières du siècle dernier, faites de fer et de verre. Elle dessert le nord de la France, et au-delà des frontières, les pays de l'Europe du Nord et la Grande-Bretagne.

La gare de l'Est : édifiée à partir de 1895, elle dessert l'est de la France et de l'Europe (la Lorraine, l'Alsace, l'Allemagne). À l'intérieur, une fresque de 1926, « Départ pour le front des conscrits de la grande guerre », rappelle que des milliers de soldats ont traversé cette gare, avant d'aller mourir dans les tranchées.

La gare Saint Lazare : située dans le 8e arrondissement, elle emmène les voyageurs vers la Normandie et les bateaux en partance pour la Grande-Bretagne.

La gare de Lyon est située sur la rive droite de la Seine, non loin de la Bastille. On y prend le train à destination du soleil du midi et de l'Italie.

La gare Montparnasse : inaugurée il y a quelques années, c'est une gare ultramoderne d'où partent les T.G.V. pour l'ouest et le sud-ouest.

La gare d'Austerlitz se trouve en face de la gare de Lyon, de l'autre côté de la Seine. Les voyageurs qui vont vers le sud-ouest de la France et vers l'Espagne y transitent. Depuis quelques années, son trafic s'est considérablement réduit car elle n'accueille pas les T.G.V.

1   À L'ÉCOUTE

Les gares de Paris
Écoutez bien et dites dans quelle gare on peut entendre les annonces suivantes.

	Gare de Lyon	Gare Montparnasse	Gare de l'Est	Gare du Nord	Gare d'Austerlitz
1.					
2.					
3.					
4.					
5.					
6.					
7.					

La gare Saint-Lazare, Claude Monet. (Musée d'Orsay)
Les impressionnistes aiment l'atmosphère floue des gares. Monet écrit :
« *Au moment du départ des trains, la fumée des locomotives est tellement dense que l'on ne distingue presque rien. C'est un enchantement.* »

Le Métro

Métro-infos

La construction du métro commence à la fin du XIXe siècle. Londres a déjà son « tube », et Paris, qui a une vocation de grande métropole, ne peut être en reste. C'est l'ingénieur Fulgence Bienvenüe qui met au point le réseau souterrain permettant de traverser la capitale. Le 19 juillet 1900, les Parisiens peuvent enfin prendre le métro : la première ligne les emmène de Vincennes à Maillot.

Aujourd'hui, 14 lignes parcourent Paris en long, en large et en travers. Naturellement, le métro a bien changé depuis le début du siècle : plus confortable, plus rapide, plus silencieux. On a aussi essayé de faciliter la vie des Parisiens, contraints à de longues marches dans les couloirs souterrains pour passer d'une ligne à l'autre, grâce à des tapis roulants et à des escaliers mécaniques.

En outre, 4 lignes du RER (Réseau Express Régional) relient le centre de Paris aux banlieues.

Depuis 1949, c'est la RATP (Régie Autonome des Transports Parisiens) qui gère les transports urbains à Paris : métro et autobus.

Autrefois jaune, le ticket de métro a changé de couleur depuis quelques années. Maintenant, il est bleu. Les touristes peuvent acheter un ticket valable plusieurs jours qui leur permet de se déplacer dans Paris le temps de leur séjour.

Une bouche de métro.

Métro futuriste

Le 15 septembre 1998, le Président de la République Jacques Chirac a inauguré la quatorzième ligne de métro parisien, baptisée Météor ! Ce nom futuriste n'évoque aucun météorite ! Ce n'est que l'abréviation du vrai nom de cette ligne : Métro Est-Ouest Rapide. Météor relie la toute nouvelle Bibliothèque de France (Bibliothèque Mitterrand) à la Madeleine. La grande nouveauté, c'est qu'il n'y a pas de chauffeur dans la rame ! En effet, cette nouvelle ligne est complètement automatisée, informatisée. Tout a été pensé pour la sécurité des voyageurs : pour empêcher les suicides, le quai est bordé d'un mur en verre dont les portes ne s'ouvrent que pour laisser entrer et sortir les voyageurs...

La nouvelle station du métro.

1   **Les mots du métro**

**Quand on voyage en métro, il faut connaître un vocabulaire spécifique...
Pour vous aider à découvrir ces « métro-mots », nous vous proposons de petites énigmes et l'anagramme du mot mystérieux...**

1. Ce mot désigne un train métropolitain. On en a besoin pour faire avancer une barque. C'est une .... (arme)

2. C'est une partie du visage ; mais c'est aussi le nom de l'entrée du métro, qui avale chaque jour des milliers de voyageurs. C'est la .... (choube)

3. Celles que nous connaissons ont quatre roues. Dans le métro, celles de première classe sont plus confortables. Ce sont les .... (rovitues)

4. Dans celles de sport d'hiver, l'air est plus pur que dans celles du métro. Ce sont les .... (toistans)

5. Pour les enfants, c'est un jeu qui fait tourner la tête ; pour les Parisiens, c'est un passage obligatoire, où on composte son ticket. C'est le .... (quirnoutte)

GRAMMAIRE

Dans le roman Au bonheur des Dames *Émile Zola raconte la naissance d'un grand magasin parisien, « Au bonheur des dames », et la mort des petits commerçants, anéantis par le « géant ». Il décrit ici le magasin, triomphe du fer et du verre...*

« Au centre, dans l'axe de la porte d'honneur, une large galerie allait de bout en bout, flanquée à droite et à gauche de deux galeries plus étroites... On avait vitré les cours, transformées en halls ; et des escaliers de fer s'élevaient du rez-de-chaussée, des ponts de fer étaient jetés d'un bout à l'autre, aux deux étages. L'architecte, un jeune homme amoureux des temps nouveaux, ne s'était servi de la pierre que pour les piles d'angle, puis avait monté toute l'ossature en fer... . Partout, on avait gagné de l'espace, l'air et la lumière entraient librement, le public circulait à l'aise... . C'était la cathédrale du commerce moderne, solide et légère, faite pour un peuple de clientes »

Le grand escalier du Bon Marché.

LE PRONOM INDÉFINI *ON*

On avait gagné de l'espace... On avait vitré les cours...
- On emploie le pronom indéfini **on** quand le sujet ne désigne pas une personne précise, mais « des gens », « tout le monde », ou une personne dont l'identité n'est pas précisée.
- Dans la langue courante, **on** est utilisé à la place de **nous**.
  Mes amies et moi, on adore faire les grands magasins.
- **On** est toujours suivi de la troisième personne du singulier.

---

1 Dans le texte suivant, remplacez les sujets par *on* quand c'est possible.

L'architecte a voulu créer un espace immense, ouvert, pour que les gens se promènent et achètent sans se bousculer. Il a imaginé un immense hall, recouvert d'une coupole en verre pour que tout le monde profite de la lumière du jour quand il fait beau. Avec mes amies, nous aimons beaucoup faire nos courses dans ce magasin : quand nous avons le temps, nous y allons, nous regardons, nous touchons les vêtements. Souvent nous n'achetons rien. En fait, tout le monde vient ici pour passer un moment agréable, pas forcément pour acheter...

2 Réécrivez le texte de Zola en utilisant le pronom sujet *on* chaque fois que c'est possible.

Au centre, dans l'axe de la porte d'honneur, on avait construit une large galerie qui allait de bout en bout...

Mouret, le directeur de « Au Bonheur des Dames » invente des techniques de vente résolument modernes. Il se rend compte de l'importance de la publicité.

« La grande puissance était surtout la publicité. Mouret dépensait par an trois cent mille francs de catalogues, d'annonces et d'affiches. Il disait que la femme est sans force contre la réclame, qu'elle finit fatalement par aller au bruit. Puis il avait imaginé les « rendus », un chef-d'œuvre de séduction : « prenez toujours, madame : vous nous rendrez l'article, s'il cesse de vous plaire. » Et la femme trouvait là une dernière excuse, la possibilité de revenir sur une folie : elle prenait, la conscience en règle... »

L'HYPOTHÈSE

Vous rendrez l'article, s'il ne vous plaît plus.
- Il s'agit d'une phrase hypothétique : on envisage une hypothèse possible dans le futur.
- Le verbe de la proposition principale est au futur *(vous rendrez)*
- Le verbe de l'hypothétique est au présent *(s'il ne vous plaît plus)*

---

3 Voici quelques « affaires » que des commerçants peuvent vous proposer. Transformez-les en phrases hypothétiques.

Satisfait ou remboursé : *si vous n'êtes pas satisfait, le magasin vous remboursera.*

1. Prenez deux shampoings, le troisième est gratuit.

2. Un verre en cristal cadeau, pour l'achat de deux bouteilles de jus de fruits.

3. Un sac cadeau pour l'abonnement à l'Express.

4. Achetez votre voiture avant la fin du mois, payez l'année prochaine.

5. Grattez, vous pouvez gagner vos achats.

6. Pour 1000 francs d'achats, le magasin vous offre l'apéritif.

SUIVEZ LE GUIDE

Paris Métal, Paris Expos

À la fin du XIXe siècle et au début du XXe, dans le tourbillon optimiste de la Belle Époque, Paris accueille plusieurs expositions universelles.
Pour l'occasion, on construit un grand nombre de monuments : certains sont ensuite détruits, d'autres restent. Ainsi, Paris est parsemé de vestiges qui témoignent du goût architectural d'une époque qui privilégie de nouveaux matériaux : le fer et le verre.

Affiche pour l'Exposition Universelle de 1889.
(Musée Carnavalet)

La Tour Eiffel

C'est le monument symbole de Paris et de la Belle Époque. Projetée et réalisée à l'occasion de l'Exposition Universelle de 1889 par l'ingénieur Gustave Eiffel, la « dame de fer » est tout de suite au centre des polémiques : « Scandale ! s'écrient les puristes, comment peut-on imaginer construire une tour en fer, ce matériau vulgaire ? » – « Merveille, répliquent les modernes, la tour est le symbole d'une ère nouvelle, dominée par la science et la technique ! » Quand le rideau se ferme sur l'exposition, le sort de la Tour Eiffel

est incertain. Faut-il la détruire ?
On s'avise que cette tour, alors la
plus haute du monde avec ses 300
mètres, peut être utile pour les
télécommunications. La tour est
sauvée, et aujourd'hui encore elle
domine le ciel parisien.

De nombreux travaux lui ont permis
d'arriver en pleine forme à son
premier centenaire. Aujourd'hui elle
est loin d'être la plus haute tour du
monde, mais elle reçoit chaque jour
des centaines de touristes, qui
visitent le bureau de l'ingénieur Eiffel
et qui montent à l'assaut de ses
trois étages, à pied ou en
ascenseur, pour profiter d'une vue
unique sur Paris.

Le pont Alexandre III

Ce pont audacieux, qui enjambe la Seine d'une seule arche, a été construit à
l'occasion de l'Exposition Universelle de 1900. Baptisé ainsi en hommage au
tsar Alexandre III, avec lequel la France avait
signé un traité d'alliance, il unit l'esplanade
des Invalides aux Champs-Élysées. Avec ses
lampadaires en bronze et ses riches
décorations caractéristiques de l'Art Nouveau,
c'est le pont le plus somptueux de Paris.

Les grands magasins

Pendant la deuxième moitié du XIXᵉ siècle apparaissent les « grands magasins » parisiens, premiers temples de notre société de consommation.
Le Bon Marché ouvre ses portes en 1852,

Les Galeries Lafayette.

Les Galeries Lafayette.

La Samaritaine.

suivi du Printemps en 1865. Puis c'est le tour de La Samaritaine et des Galeries Lafayette.
De plus en plus grands, de plus en plus beaux, de plus en plus somptueux, ces grands magasins ne laissent aucune chance aux petites boutiques de confection, qui ne peuvent supporter la concurrence. Aujourd'hui encore, avec leurs façades majestueuses, leurs coupoles en verre, leurs grands escaliers en fer forgé, style Liberty, les grands magasins font rêver et attirent des milliers de clients.

La Gare d'Orsay

La Gare d'Orsay en 1900.
Les architectes ont
conservé les structures
originelles de la gare.

À l'occasion de l'Exposition Universelle de 1900, l'architecte Victor Laloux est chargé de construire une gare pour desservir l'ouest de la France. Cette gare immense, en fer et en verre, aura la vie brève.

En 1939, elle ne peut plus accueillir les nouveaux trains, trop longs.

Après la guerre, les prisonniers et les déportés de retour y trouvent refuge. Puis elle abrite quelque temps une compagnie théâtrale. Mais l'édifice semble voué à la destruction.

En 1978, le

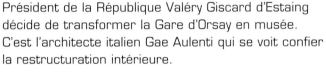

Aujourd'hui les visiteurs du musée admirent la grande horloge, sur laquelle les voyageurs jetaient sans doute un œil rapide, avant de prendre leur train...

Président de la République Valéry Giscard d'Estaing décide de transformer la Gare d'Orsay en musée. C'est l'architecte italien Gae Aulenti qui se voit confier la restructuration intérieure.

Le musée de la Gare d'Orsay.

Le musée d'Orsay est inauguré en 1986, en présence du Président François Mitterrand. Il abrite les œuvres des artistes de la deuxième moitié du XIXe siècle, plus précisément de 1848 à 1914. Les précieux tableaux des peintres impressionnistes y sont magnifiquement mis en valeur.

 1 À L'ÉCOUTE

L'Art Nouveau
Au musée d'Orsay, nos amis visitent les salles consacrées à l'Art Nouveau. Écoutez le guide et complétez.

L'Art Nouveau est un mouvement ...., qui apparaît à la fin du XIXe siècle, en .... Ce mouvement touche ...., mais aussi les arts décoratifs. Il se propose de réaliser la fusion entre le côté .... et le côté esthétique. Le Musée d'Orsay propose des .... admirables de l'Art Nouveau.

La .... que vous pouvez voir maintenant a été conçue pour la villa du .... Adrien Bénard à Champrosay par l'architecte Alexandre Charpentier. Comme vous le voyez, différents matériaux forment un ensemble harmonieux. Les .... sont en bois : acajou, chêne, peuplier ; la .... au fond est en céramique et en grès. Les lignes courbes sont caractéristiques de l'Art Nouveau européen. Elles donnent une grande .... et une grande légèreté à l'ensemble. Les décorations en bronze évoquent des éléments de la ....

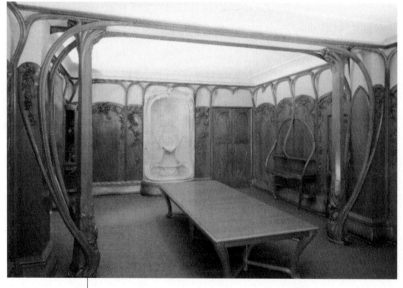

Salle à manger réalisée vers 1900.

Les Halles

En 1854, l'empereur Napoléon III charge l'architecte Victor Baltard de construire le marché central de Paris. Il imagine 12 énormes pavillons en fer et en verre, qui pendant plus d'un siècle vont constituer « le ventre de Paris ». En 1962, les Halles de Paris sont désormais insalubres, inadaptées aux exigences modernes. On décide de construire un nouveau

Les Halles au siècle dernier.

marché central dans la banlieue sud, à Rungis. Après bien des polémiques, les pavillons Baltard sont détruits : deux seulement sont épargnés, pour être remontés l'un à Nogent, l'autre… au Japon, à Yokohama ! Pendant plusieurs années, un immense terrain vague, « le trou des Halles » est à l'abandon, dans l'attente d'un nouveau projet. Aujourd'hui, le trou des Halles a été rempli : le Forum des Halles, un ensemble ultramoderne, regroupe sur quatre niveaux souterrains des magasins, des salles de conférences et des musées. C'est le lieu de rendez-vous préféré des jeunes. Le ventre de Paris est devenu le cœur de Paris.

Le Forum des Halles.

Le Grand Palais et le Petit Palais

Construits à côté des Champs-Élysées à l'occasion de l'Exposition Universelle de 1900, ils conservent leur riche décoration, caractéristique de l'Art Nouveau. Ils abritent des expositions prestigieuses.

L'entrée du Petit Palais.

À VOIR AUSSI

Le marché aux puces de Saint-Ouen

À Saint-Ouen, au nord de Paris, sous une grande halle de fer, se tient depuis la fin du siècle dernier le marché aux puces. Du samedi au lundi, les brocanteurs étalent leurs trésors hétéroclites. Les visiteurs doivent s'armer de patience et de savoir-faire pour découvrir l'objet rare...

FAITES LE POINT

1   **Si vous avez bien lu ce premier chapitre, vous saurez certainement trouver les bonnes réponses.**

   1. Un de ces tableaux ne peut pas être au musée d'Orsay. Lequel ?

   ☐ La Joconde de Léonard de Vinci
   ☐ La gare Saint-Lazare de Monet
   ☐ Le docteur Paul Gachet de Van Gogh

   2. Deux de ces monuments ont été construits pour une même occasion. Lesquels ?

   ☐ Notre-Dame   ☐ Le Grand Palais   ☐ La Tour Eiffel

   3. Un de ces monuments n'existe plus. Lequel ?

   ☐ Le Petit Palais   ☐ La Samaritaine   ☐ Les Halles

   4. Une de ces stations de métro porte le nom du concepteur du métro. Laquelle ?

   ☐ Cambronne   ☐ Bienvenüe   ☐ Cognacq-Jay

   5. Un de ces quartiers était appelé « Le ventre de Paris ». Lequel ?

   ☐ L'île de la Cité   ☐ Les Halles   ☐ Le Quartier latin

   6. On a transformé une gare en musée. Laquelle ?

   ☐ Gare Montparnasse   ☐ Gare de Lyon   ☐ Gare d'Orsay

   7. Les trains provenant d'Italie arrivent dans une seule gare de Paris. Laquelle ?

   ☐ Gare d'Austerlitz   ☐ Gare de Lyon   ☐ Gare Montparnasse

   8. Une de ces gares a été rénovée pour accueillir les T.G.V. Laquelle ?

   ☐ Gare de Lyon   ☐ Gare Montparnasse   ☐ Gare du Nord

   9. Un de ces ponts date de la Belle Époque. Lequel ?

   ☐ Le Pont-Neuf   ☐ Le Pont Alexandre III ☐ Le Pont des Arts

   10. Un de ces architectes n'est pas le contemporain des deux autres. Lequel ?

   ☐ Gustave Eiffel   ☐ Victor Baltard   ☐ Gae Aulenti

2 Paris Artiste

 Si tu voyais ta tête !

Nos quatre amis se sont donné rendez-vous Place du Tertre. Juliette et Antoine regardent les peintres qui font des portraits.

(Un peintre s'adresse à Juliette)

Le peintre : Mademoiselle... je fais votre portrait ?

Juliette : Ah, non, merci !

Antoine : Allez Juliette ! Pourquoi pas ? C'est l'occasion ou jamais !

Juliette : Pourquoi tu ne te le fais pas faire, toi ?

Antoine : Tu sais, je ne suis déjà pas très beau alors me voir en portrait tous les jours, non merci !

Juliette : Ben alors, fais-toi faire une caricature !

Antoine : Une caricature? Ah oui, c'est marrant [1], mais tu t'en fais faire une toi aussi.

Juliette : D'accord !

Le peintre : Bon alors, je commence par qui ?

Antoine : Après toi Juliette !

(Cinq minutes plus tard)

Antoine : Eh bien Juliette! Si tu voyais ta tête !

Juliette : Ça vous ennuie si je jette un coup d'œil ?

Le peintre : Je n'ai pas terminé. Encore une minute. Voilà ! Ça vous plaît ?

Juliette : ... Euh... Je suis vraiment comme ça, Antoine ? Ce nez en patate... et ce menton en galoche [2], c'est moi ça ?!

Le peintre : Une caricature c'est ça. Ça exagère les défauts.

Juliette : Eh bien, je ne savais pas que j'en avais autant ! À ton tour maintenant Antoine! On va voir à quoi tu ressembles toi !

1. **c'est marrant** : c'est amusant.
2. **menton en galoche** : menton long et relevé.

Antoine : Oh... c'est peut-être pas une bonne idée... quand on
   voit ce que tu es devenue !

Juliette : Ah non Antoine! T'es pas sympa ! J'en étais sûre !

Antoine : Allez, ne te fâche pas[1]!

Juliette : Et qu'est-ce que j'en fais maintenant, moi, de cette
   caricature ?

Antoine : Tu la gardes précieusement en pensant à toutes les
   femmes qui avaient un œil au milieu de la joue et que
   Picasso a rendues célèbres !

Au Moulin Rouge, Toulouse-Lautrec.
(The Art Institute of Chicago)

---

1. **ne te fâche pas** : ne te mets pas en colère.

À SAVOIR

Jane Avril, Jardin de Paris. (Bibliothèque Nationale)

Montmartre

Cabarets et ateliers d'artistes

À la Belle Époque, Montmartre devient un pôle d'attraction pour tous les artistes, les danseuses de French Cancan et les viveurs qui se retrouvent dans les célèbres cabarets. Le Moulin de la Galette, bal populaire où on pouvait manger des galettes chaudes, est fréquenté par Renoir et Dufy.

Au Moulin-Rouge, temple du french cancan, Jane Avril, Yvette Guilbert, la Goulue attirent les foules. Toulouse-Lautrec les immortalise toutes dans ses dessins ou ses affiches. Au « Chat-Noir » on lit des poèmes et on chante les chansons d'Aristide Bruant « *Je cherche fortune autour du Chat Noir, au clair de la lune, à Montmartre le soir…* ».

Le Lapin Agile, lieu de rencontre de peintres et d'écrivains, est aujourd'hui encore un local nocturne très à la mode.

Le Bateau-lavoir doit, dès 1904, sa renommée à la présence de Picasso, ses périodes bleue et rose et surtout ses « Demoiselles d'Avignon » donnant naissance au cubisme. Dans son atelier misérable, se réunit « la bande à Picasso ».

Le bal du Moulin de la Galette, Pierre-Auguste Renoir. (Musée d'Orsay)

24

Montparnasse

Paris sans Montparnasse, le mont des poètes et des muses, n'est pas Paris ; et l'endroit qui a consacré Montparnasse est La Ruche. Située au 52, rue Dantzig, elle a été projetée par Gustave Eiffel et construite à l'occasion de l'Exposition de 1900. Son nom évoque l'activité intense qui s'y déroule : au début du XXᵉ siècle, la « bande à Picasso » émigre vers Montparnasse et rapidement d'autres peintres et d'autres poètes la suivent. Soutine, le peintre russe aux couleurs violentes, Chagall et sa

La Ruche.

La Tour Montparnasse.

peinture poétique, Klee avec ses dessins énigmatiques font de Montparnasse le centre de la vie culturelle parisienne. Apollinaire, Breton, Cocteau, Cendrars… les surréalistes, Man Ray, le photographe génial, Marcel Duchamp, l'iconoclaste [1], s'y installent aussi. Hemingway habite au numéro 113, rue Notre-Dame-des Champs. De nos jours encore des artistes peintres et des sculpteurs y ont leur atelier. Mais aujourd'hui que reste-t-il de tout cela ? Une immense tour qui regarde Paris d'un œil amusé, le cimetière Montparnasse où reposent Maupassant, Baudelaire, Sartre et bien d'autres encore. En définitive, la fermeture de la Gaîté-Montparnasse (un célèbre théâtre) et celle de Bobino (théâtre de variétés) ont marqué la fin de l'âge d'or de Montparnasse.

1. **iconoclaste** : ici, qui tourne en dérision les grandes œuvres d'art.

GRAMMAIRE

LES PRÉPOSITIONS DEVANT LES ANNÉES ET LES SIÈCLES

- Devant les années, il ne faut jamais mettre d'article.
  En 1871, les Montmartrois se rassemblent sur la Butte.
  De 1871 à 1914, Montmartre est le centre de la vie culturelle parisienne.

- Devant les siècles ou les périodes historiques, on utilise l'article contracté avec la préposition **à** ou ***de*** :
  Au Moyen-Âge, à la Renaissance, du XIXᵉ au XXᵉ siècle...

---

1 **Complétez en ajoutant les prépositions *à*, *de*, *en*, *vers* ; ajoutez l'article si nécessaire.**

La Goulue, repos entre deux tours de valse.

C'est .... XIXᵉ siècle que Toulouse-Lautrec peint ses tableaux les plus célèbres. .... 1895, la célèbre danseuse du Moulin-Rouge, la Goulue, demande à Toulouse-Lautrec de décorer la baraque qu'elle vient de louer à la foire du Trône pour y présenter son nouveau spectacle. Après la vente de sa baraque .... 1896, les deux tableaux ont une vie mouvementée et ne réapparaissent qu'.......... 1926 dans la galerie d'un marchand inconscient qui les a découpés en huit morceaux !

Henri de Toulouse-Lautrec les a peints .... 1864 .... 1901.
« La danse mauresque » date .... 1895. C'est aussi .... 1895 qu'il a créé « La danse au Moulin-Rouge ».

D'après le guide du *Musée d'Orsay*
(Éditions de la Réunion des musées nationaux)

LES PRONOMS PERSONNELS COMPLÉMENTS D'OBJET DIRECT

```
Il me regarde
Il te regarde
Il le/la regarde
Il nous regarde
Il vous regarde
Il les regarde
```

- Ils répondent à la question *qui* ? ou *quoi* ?
- Ils sont toujours placés devant les verbes auxquels ils se rapportent.
  Picasso les a peints.
  Il a dit de les peindre.
- Il n'y a qu'une seule forme à la troisième personne du pluriel : **les**.

---

2   **Complétez, avec des pronoms compléments d'objet, cette présentation du Lapin Agile situé 22 rue des Saules.**

C'est la bicoque la plus connue du monde, on .... appelait « le Cabaret des Assassins » parce que les clients qui .... fréquentaient n'avaient pas bonne réputation. Un jour, on .... a vendue et un peintre, André Gill, ... a repeinte. Sur la façade, il a dessiné un lapin, d'ailleurs on .... voit encore qui bondit dans la casserole. À la fin du XIXᵉ siècle, Le Lapin Agile est devenu un café-concert : Alphonse Allais, Verlaine, Renoir y venaient. Aristide Bruant a racheté le cabaret en 1903 et .... a confié au père Frédé qui en a fait le rendez-vous le plus célèbre de la bohème de Montmartre.

Le Lapin Agile.

Plus tard, on .... a appelé le lapin « à Gill » qui est devenu, par jeu de mots, Le Lapin Agile.

D'après *Le Guide du Routard*, Hachette.

(SUIVEZ LE GUIDE)

La visite de Montmartre

Ruelle à Montmartre.

Village indépendant de la capitale jusqu'au XIXᵉ siècle, la « Butte » est un lieu de contrastes : village encore authentique aux fortes traditions, il est en même temps lieu de plaisir et de tourisme. Pour visiter Montmartre sans rien perdre de son charme il faut se promener dans les ruelles de la Butte ; vous arriverez bientôt sur la fameuse et très touristique place du Tertre : laissez-vous tenter, si votre bourse le permet, par un portrait ou une caricature que les dessinateurs vous proposeront. Sinon, admirez-les assis à la terrasse d'un petit bistrot.

Au fait savez-vous d'où vient le mot *bistrot* (que l'on écrit aussi *bistro*) ? Les cosaques qui occupaient Paris en 1814 criaient aux garçons de café « bistro, bistro… » qui signifiait « vite, vite ! » et de là l'origine du mot qui reste cependant très discutée.

Si le cœur vous en dit, visitez le musée Montmartre (12, rue Cortot) : vous y admirerez des toiles intéressantes de Dufy, d'Utrillo et même l'enseigne originale du Lapin Agile, mais aussi des caricatures ou des dessins fort amusants. Plus loin, rue des Saules, vous trouverez le Lapin Agile fréquenté par tous les artistes de la Belle Époque.

Peut-être, si vous venez à Montmartre en automne, aurez-vous la chance d'assister aux vendanges des vignes du Clos de Montmartre et au défilé folklorique organisé à cette occasion ? Vous aurez sûrement envie de boire un « picolo » (un verre de vin des vignes de Montmartre), attention faites-le avec modération ! D'ailleurs saviez-vous que c'est la raison pour laquelle en français familier on dit « picoler » au lieu de boire ?

Si vous avez le temps, entrez au retour dans le cimetière de Montmartre, vous pourrez y voir les tombes de Stendhal, Berlioz, Poulbot (qui a créé un personnage célèbre dans le monde entier : le petit Poulbot ressemblant au Gavroche des *Misérables* de Victor Hugo), François Truffaut… Descendez ensuite vers le Boulevard Clichy, vous y trouverez le théâtre des deux Ânes et plus loin le célèbre Moulin-Rouge.

Place du Tertre.

La Basilique du Sacré-Cœur

Sa silhouette immaculée domine la butte Montmartre et rappelle le vœu des Parisiens d'élever une basilique, si la ville était épargnée par le désastre de la guerre franco-prusse de 1870.

La construction, en style romano-byzantin, commence en 1876 et se termine en 1914. Mais la basilique ne sera consacrée qu'après la première guerre mondiale, en 1919. L'intérieur, richement décoré de mosaïques, ne présente pas un grand intérêt, mais le panorama qu'on peut admirer de la galerie est exceptionnel.

Paris, ses théâtres, ses spectacles

À Paris, les colonnes Morris présentent les nouveaux
spectacles et des concerts de toutes sortes. On a
véritablement l'embarras du choix. En effet, la capitale
compte deux opéras : l'opéra Garnier et l'opéra Bastille,
115 théâtres et d'immenses salles où ont lieu les concerts
des vedettes françaises et étrangères à la mode.
Parmi les plus importants théâtres parisiens, on peut citer
les théâtres nationaux comme : le théâtre du Vieux
Colombier et le théâtre Richelieu où la Comédie Française

Colonne Morris.

Théâtre des Champs-Élysées.

propose des pièces
classiques et
contemporaines ; le
théâtre Molière, l'Odéon,
le Châtelet et d'autres
encore comme le
théâtre National de
Chaillot.

Le Zénith

(situé à côté de la Villette dans le 19e arrondissement)

François Mitterrand et son ministre de la Culture décident en 1981 de
construire pour les jeunes une salle capable d'accueillir de grands spectacles.
Voilà comment le Zénith a vu le jour en 1984.
La salle possède une structure légère et démontable, parfaitement adaptée à
la musique, elle peut contenir jusqu'à 6400 personnes. La scène est
modulable et on a particulièrement soigné les équipements scéniques,
l'acoustique et la visibilité.
En janvier 1984, Renaud y donne le premier concert. Après lui, tous les
grands noms de la chanson française montent sur la scène du Zénith ; les
groupes anglo-saxons en tournée européenne s'y arrêtent pour quelques soirs.
Des spectacles pour enfants, des championnats de boxe, d'escalade ou de
patinage attirent un public de plus en plus diversifié.

Bercy

(situé à côté du ministère des Finances dans le 12e arrondissement)

Le Palais Omnisports de Paris-Bercy a été inauguré en février 1984 et depuis lors, chaque année des événements de renommée internationale dans les plus importantes disciplines sportives ainsi que de grands concerts y ont lieu. Au niveau européen, Bercy ne connaît pas de concurrent. Son dynamisme et l'infrastructure dont il dispose sont absolument exceptionnels. En outre, ses effets spéciaux et ses écrans gigantesques offrent un atout [1] indispensable pour les manifestations de tout genre.

1. **atout** : grand avantage.

À VOIR AUSSI

L'Hôtel Salé.

Le Musée Picasso

(5, rue de Thorigny)

L'Hôtel Salé abrite le Musée Picasso depuis sa restauration en 1976. L'itinéraire du musée suit un parcours chronologique de l'artiste. On admire de la salle 1 à la salle 7 le Picasso de ses débuts et de la bohème : on y découvre la période rose, la période bleue de l'artiste, ses études pour *Les demoiselles d'Avignon* marquant le début du cubisme, l'influence de l'art primitif sur ses peintures, mais aussi sa période plus classique, son amour pour le théâtre et son apport au mouvement surréaliste.
Dans les autres salles, c'est le Picasso sculpteur qui nous est montré, le Picasso graveur et enfin celui des dernières années.

Le Musée Rodin

(77, rue de Varenne)

L'Hôtel Biron est devenu le Musée Rodin après la Première Guerre Mondiale, en 1919. À l'intérieur, il y a les plus belles réalisations de Rodin, de « L'âge d'Airain » à « L'éternelle Idole » mais aussi le célèbre « Baiser » qui a scandalisé bien des gens. On peut aussi y admirer certaines sculptures de l'élève de l'artiste, Camille Claudel, qui a sombré dans la folie quand le grand sculpteur n'a pas voulu l'épouser. À l'extérieur, il y a bien entendu « Le penseur » qui est certainement la statue la plus connue de Rodin et des ébauches pour la réalisation du monument « Les Bourgeois de Calais ».

Le Penseur.

FAITES LE POINT

1   Si vous trouvez au moins douze réponses, vous pouvez continuer votre visite
    de Paris ; sinon revoyez cette étape avant de poursuivre.

    1. Il a peint *Les demoiselles d'Avignon* (P.P.) : ....

    2. C'est là que les peintres de la bohème avaient leur atelier (B.L.) : ....

    3. C'est un lieu de contrastes qui se trouve sur une petite colline (B.M.) : ....

    4. Elle est toute blanche (B.S.C.) : ....

    5. On y danse le french cancan (M.R.) : ....

    6. Il était tout petit mais il avait tout d'un grand peintre (T.L.) : ....

    7. Pendant la Belle Époque, on y cherchait fortune au clair de la lune (L.C.N.) : ....

    8. Célèbre cabaret dont l'agilité est étonnante (L.A.) : ....

    9. Auteur des *Misérables* (V.H.) : ....

    10. Il abrite le Musée Picasso (H.S.) : ....

    11. Il abrite le Musée Rodin (H.B.) : ....

    12. Élève de Rodin (C.C.) : ....

    13. C'est l'aspect de la capitale que vous venez de découvrir (P.A.) : ....

3 Le Paris des Rois

📼 Paris vaut bien une messe !

Antoine et Juliette vont visiter Versailles. Ils se promènent dans les jardins.

Juliette : Attends-moi ! Tu vas trop vite !

Antoine : Bon, tu veux qu'on s'arrête un peu ?

Juliette : Oui, j'ai mal aux pieds! On a marché pendant une demi-heure et on n'a pratiquement rien vu.

Antoine : En plus, c'est un vrai labyrinthe.

Juliette : Je comprends pourquoi les autres ne sont pas venus, ils ne sont pas fous...

Antoine : Aline avait un cours important et Hassan voulait nous emmener au Louvre.

Juliette : Alors on l'a échappé belle [1]! Le Louvre ! On m'a dit qu'on peut y passer des jours entiers et qu'il y a toujours un monde fou [2]!

Antoine : Oui, le Louvre est vraiment immense. Tu imagines le temps qu'il fallait pour aller d'une pièce à une autre ? À cette époque, il n'y avait pas de rollers... Tu vois un peu Louis XIV sur des patins à roulettes !

1. **on l'a échappé belle** : on a évité de justesse quelque chose.

2. **un monde fou** : beaucoup de monde.

Juliette : Il n'en avait pas besoin, il avait une chaise à
porteurs ! Et la Reine Marie-Antoinette qui disait : « S'ils
n'ont pas de pain, qu'ils mangent de la brioche ! » À faire
de l'humour, elle en a perdu la tête !

Antoine : Mais elle ne voulait pas faire de l'humour ! En fait,
pour elle, la brioche et le pain c'était la même chose !

Juliette : Quand même, ce luxe, ces dépenses !

Antoine : Tu as raison, ces rois, ils avaient tous la folie des
grandeurs ! Le Louvre, le Palais-Royal, Versailles !

Juliette : À propos, comment s'appelle le roi qui a dit « Paris
vaut bien une messe » ?

Antoine : C'est Henri IV voyons ! Tu te rappelles quand il a dû
se convertir au catholicisme pour devenir roi...

Juliette : Ah oui, j'y suis... Bon, on repart ?

À SAVOIR

Les palais royaux

Hôtel des Tournelles

Située sur l'actuelle Place des Vosges, cette résidence royale voit son destin lié à la tragédie : Louis XII y meurt (1462-1515). En 1559 durant un tournoi Henri II perd un œil et la vie... Sa femme, Catherine de Médicis, décide alors d'abandonner cette demeure qui est démolie six ans plus tard. Sur son emplacement Henri IV fait élever la Place Royale, aujourd'hui place des Vosges.

Le Louvre

C'est Philippe Auguste (1180-1223) qui le premier fait construire une partie du Louvre, plus tard Charles V (1364-1380) y habite et le Louvre devient ainsi une résidence royale. De nombreux rois s'y succèdent et laissent au Palais une trace de leur passage. Parmi eux, Henri IV (1589-1610), Louis XIII (1610-1643), et Louis XIV (1643-1715) qui, terrorisé par le souvenir de la Fronde et désireux de mieux contrôler la Noblesse, abandonne Le Louvre pour Versailles. L'histoire lui donne raison, en effet, il ne fait pas bon vivre dans ce palais, Charles X (1824-1830) et Louis-Philippe (1830-1848) en sont chassés par le peuple en colère.

La colonnade du Louvre vers 1760. (Musée Carnavalet)

Le Palais-Royal

Il appartient tout d'abord au Cardinal de Richelieu, qui, à sa mort, en 1642, le lègue à Louis XIII qui meurt un an après. Anne d'Autriche sa femme y habite avec le futur Louis XIV jusqu'aux événements de la Fronde. Il devient la résidence du Régent, Philippe d'Orléans, pendant la minorité de Louis XV.

Mariage de Louis XIII et d'Anne d'Autriche en 1612 sur la Place Royale, aujourd'hui Place des Vosges. (Musée Carnavalet)

Les Tuileries

Catherine de Médicis choisit une ancienne fabrique de tuiles pour faire construire le château des Tuileries où elle s'installe immédiatement après avoir quitté l'Hôtel des Tournelles. Habité par de nombreux souverains, il est ensuite délaissé pour Versailles. Louis XV y habite plus tard et enfin, Louis XVI et Marie-Antoinette, obligés de quitter Versailles, doivent y faire un séjour forcé. Il est incendié en 1871 pendant la Commune et détruit en 1882. Il ne reste aujourd'hui de cette résidence royale que des jardins et deux édifices : le Jeu de Paume et l'Orangerie transformés en musées.

Versailles

Cette petite ville située au cœur d'une fôret à 18 km au sud-ouest de Paris, accueille à l'origine le pavillon de chasse de Louis XIII. Versailles devient résidence royale sous Louis XIV. Marie-Antoinette, femme de Louis XVI, refuse d'habiter le château et occupe les Trianons. Le peuple oblige le roi et la reine à revenir à Paris.

Les Tuileries au XVIIᵉ siècle. (Musée du Louvre)

GRAMMAIRE

LES PRONOMS PERSONNELS COMPLÉMENTS D'OBJET INDIRECT

Il *me* parle

Il *te* parle

Il *lui* parle

Il *nous* parle

Il *vous* parle

Il *leur* parle

- Ils répondent à la question *à qui* ?
- Ils n'ont qu'une seule forme à la troisième personne du singulier : **lui** et du pluriel : **leur**
- Ils sont toujours placés devant le verbe auquel ils se rapportent.
  Il veut lui parler.   Il lui a parlé.

Le mal du roi [Henri II] est si considérable que le septième jour, les médecins désespèrent de le sauver. Il apprend cette nouvelle avec une fermeté extraordinaire et d'autant plus admirable qu'il perd la vie dans un accident si malheureux, qu'il meurt en pleine jeunesse, adoré de son peuple et aimé d'une maîtresse extraordinaire qu'il aime énormément. La reine, jalouse, ne permet pas que la duchesse Valentinois vienne voir le roi. Quand celle-ci demande si le roi est mort, on lui répond que non.

D'après un extrait de *La Princesse de Clèves* de Mme de Lafayette.

1   **Lisez l'extrait ci-dessus puis répondez aux questions en utilisant des pronoms personnels compléments d'objet indirect.**

1. Que disent les médecins au roi Henri II ? Ils ..... disent
    ....

2. Qu'est-ce qu'il est arrivé au roi ? Il ..... est arrivé ....

3. Imaginez ce qu'il peut dire à sa femme Catherine de Médicis ? Il peut ..... avoir dit que ....

4. Imaginez ce qu'il peut dire aux personnes qui sont à ses côtés ? Il peut ..... avoir dit que ....

5. Que répond-on à la duchesse de Valentinois quand elle demande si le roi est mort ? On ..... répond ....

LES VERBES DU PREMIER GROUPE AVEC UNE PARTICULARITÉ ORTHOGRAPHIQUE

- Les verbes qui se terminent par **-cer** comme commencer prennent une cédille devant les voyelles a et o :

  nous commençons - tu commençais
- Les verbes qui se terminent par **-ger** comme manger, ajoutent un e muet devant le a ou le o de la désinence :

  nous mangeons - tu mangeais mais attention vous *mangiez*
- Certains verbes qui se terminent par **-eler** comme appeler, redoublent le l devant un e muet :

  elle s'appelle mais *nous nous appelons*
- L'accent aigu des verbes comme *espérer* devient grave devant un e muet :

  elle espère mais *vous espérez*

  Attention au futur et au conditionnel. L'accent reste aigu :

  elle espérera

Voici une anecdote concernant Catherine de Médicis.

Catherine de Médicis était très superstitieuse. Un jour quelqu'un lui suggère d'interroger un astrologue. Cet homme s'appelle Renato Ruggieri. Elle espère qu'il lui annoncera de bonnes nouvelles. Le devin place un miroir devant la reine ; elle y voit ses enfants et l'astrologue lui explique qu'ils régneront autant d'années que le miroir accomplira de tours. L'image de François II s'efface après un seul tour, celle de Charles IX après 13 tours, celle d'Henri III après 15 tours. Puis le miroir montre l'image d'une personne qu'elle ne connaît pas. Elle comprend que c'est la fin de la dynastie des Valois.

2   Soulignez les verbes du premier groupe à particularité orthographique et donnez leur infinitif.

3   Conjuguez-les aux trois personnes du pluriel du présent de l'indicatif.

(SUIVEZ LE GUIDE)

L'incontournable Louvre

Un peu d'histoire : la Révolution Française ouvre les portes de ce musée le 18 novembre 1793. Ses collections s'enrichissent au cours des campagnes napoléoniennes, on expose aussi les antiquités égyptiennes (dont les salles ont été récemment agrandies) ramenées par Champollion [1]. Aujourd'hui, le Louvre est l'un des plus riches musées au monde. En 1983, des travaux de restauration agrandissent le Louvre, et Ieoh-Ming-Peï projette la Pyramide. En 1992, l'architecte italien Italo Rota aménage trente-neuf salles de peintures françaises. En 1993, on ouvre l'aile Richelieu, puis finalement en 1997, on modernise les ailes Denon et Sully. Plus de trente mille œuvres d'art sont regroupées en sept grandes collections.

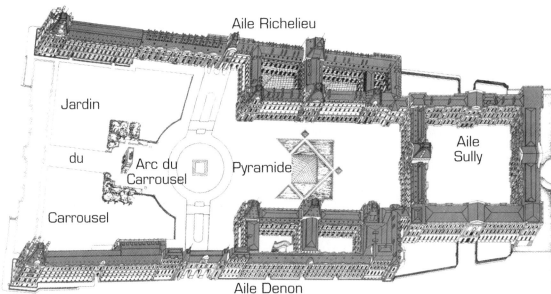

1. **Champollion** (1790-1832) : égyptologue français qui a déchiffré les hiéroglyphes.

L'aile Richelieu.

Une salle des Antiquités égyptiennes.

Le scarabée du
mariage.

Les Antiquités orientales et les Arts d'Islam : les civilisations du Proche-Orient, remontant au moins à sept mille ans, y sont présentées. On peut y admirer des œuvres islamiques du VIIe jusqu'au XIXe siècle.

Les Antiquités égyptiennes : on doit bien entendu citer l'apport indéniable de Champollion qui a créé ce département.
Vous pourrez reparcourir l'histoire de l'Égypte ancienne : de Cléopâtre aux bâtisseurs de pyramides, jusqu'à sa décadence et à sa disparition. Dernièrement, ce département a été réouvert au public, enrichi d'une quantité incroyable d'œuvres nouvelles.

Les Antiquités grecques, étrusques et romaines : les œuvres de ce département suivent un ordre chronologique, on peut y admirer des statues appartenant au IIIe millénaire avant J.C. mais aussi de fabuleuses collections de bijoux (argenterie, verrerie, vases en terre cuite, bronzes, etc.)
N'oubliez pas de vous arrêter devant la célèbre Victoire de Samothrace ou la Victoire ailée sur une proue de galère ainsi que devant la Vénus de Milo.

Les Sculptures : ce département regroupe des sculptures qui peuvent vous faire voyager dans le temps, du Moyen-Âge au XIXe siècle. Ce sont pour la plupart des œuvres françaises mais il y a aussi quelques apports italiens et espagnols parmi

L'esclave mourant.

lesquels la très célèbre sculpture de Canova « Psyché ranimée par le baiser d'Amour » et « l'esclave mourant » de Michel-Ange (qui appartient au groupe des Captifs).

La Vénus de Milo.

Les Objets d'Art : là aussi visiter ce département signifie remonter au Moyen-Âge et traverser toutes les périodes historiques, toutes les dynasties jusqu'à l'abolition de la nouvelle monarchie et la Troisième République. Des bijoux aux meubles, on peut tout y trouver : couronnes, bagues, diadèmes, petit secrétaire, etc.

Les Peintures : comment ne pas s'arrêter devant l'incontournable Joconde ? Comment ne pas suivre ce regard impénétrable que tant d'artistes ont chanté ?
Mais vous découvrirez aussi les peintures des écoles françaises, italiennes, espagnoles et bien entendu flamandes et hollandaises : admirez la transparence et l'élégante simplicité des tableaux de Vermeer ! Mais n'hésitez pas aussi à passer quelques instants inoubliables dans les immenses salles où sont exposées les œuvres de Géricault.

Les Arts graphiques : ces collections, très fragiles, ne sont visibles que lorsqu'il y a des expositions temporaires.

Officier de chasseurs à cheval de la garde impériale (1812), Géricault.

La Joconde, Léonard de Vinci.

La Dentellière (1665), Jan Vermeer.

Versailles, symbole du classicisme français

Un peu d'histoire : simple pavillon de chasse sous Louis XIII, Versailles devient une résidence royale sous Louis XIV qui, en 1661, décide de l'agrandir. La restructuration du château est réalisée en trois étapes successives. Le Vau, Le Brun et plus tard J.Hardouin-Mansart travailleront à cet ambitieux projet. Dans une première phase, on se limite à ajouter quelques éléments décoratifs au château, et Le Nôtre transforme surtout les jardins. Plus tard, d'autres travaux allongent la Cour de Marbre avec deux ailes terminées par des portiques. Enfin, on construit la célèbre Galerie des Glaces. Versailles désormais ressemble à ce qu'il est aujourd'hui.

Il est impossible de présenter Versailles et ses centaines de salles, en quelques lignes. Contentons-nous alors de quelques clichés, pour essayer d'imaginer comment vivaient les rois qui ont fait l'histoire du château : Louis XIV, Louis XV, Louis XVI...

Façade donnant sur la Cour de Marbre et enrichie de bustes, colonnes et ferronneries par le Vau et Mansart.

Le Grand Cabinet du Dauphin.

Au rez-de-chaussée, la Salle des Hocquetons au magnifique sol à damiers, précède le prestigieux escalier des Ambassadeurs qui conduit au premier étage.

Dans l'aile nord, la Galerie des salles du XVIIe siècle qui continue à l'étage supérieur, contient des tableaux de Philippe de Champaigne qui évoquent le règne de Louis XIV.

L'aile du midi renferme les salles du XVIIIe siècle : les appartements de Madame Adélaïde (qui avaient appartenu à Madame de Pompadour), celui de Madame Victoire (qui était autrefois l'ancien cabinet des bains de Louis XIV), l'appartement du Dauphin (fils de Louis XVI) et enfin celui de la Dauphine (fille de Louis XVI) où le peintre Rigaud

La Chapelle royale.

La Bibliothèque du Dauphin.

nous présente Louis XV lorsqu'il avait cinq ans. La chapelle dédiée à Saint Louis (Louis IX) se trouve au premier étage. Dans la tribune s'installait la famille du roi. Les courtisans, eux, prenaient place dans la nef.

Les salles des portraits du XVIIIe nous permettent de mieux goûter l'atmosphère qui régnait à la cour du roi Louis XIV.

L'Opéra royal (ou Grande Salle de Spectacle) a été inauguré en 1770, à l'occasion du mariage du dauphin (le futur Louis XVI) avec Marie-Antoinette.

Le Salon d'Hercule abrite deux tableaux du peintre italien Le Veronese.

Au plafond, sont peints les Travaux d'Hercule, de Lemoyne.

Dans le grand appartement du roi, se succèdent plusieurs salons : le salon de l'Abondance, le salon de Vénus, celui de Diane qui contient un buste de Louis XIV sculpté par Bernin, le salon de Mars (avec des tableaux de Rigaud et de Van Loo),

Lit d'apparat.

La Chambre du Roi.

celui de Mercure (le plafond a été peint par Champaigne) et celui d'Apollon, le dieu qui symbolisait le Roi-Soleil : on y admire le portrait de Louis XIV en costume de sacre, par Rigaud.
La galerie des Glaces mesure 75 m de long, 10 m de large, et 12 m de haut. Elle est ornée de 578 miroirs, et des architectes comme Mansart, Le Vau, Le Brun, y ont durement travaillé. Des fêtes

Louis XIV par Rigaud.

Le Salon de Vénus.

sompteuses s'y déroulaient sous Louis XIV.
L'appartement de la Reine a été habité par Marie-Thérèse, la femme du Roi-Soleil ; elle y

La Galerie des Glaces.

a donné le jour à Louis XV, et Marie-Antoinette y a passé quelques années. Outre la magnifique chambre à coucher, le Salon des Nobles de la Reine, l'antichambre du Grand-Couvert et la salle des Gardes de la Reine en sont les salles principales.

L'appartement du roi Louis XIV est composé du Salon de l'Œil de Bœuf, de la Chambre du roi et du Grand Cabinet du Conseil. La chambre à coucher du roi Louis XV, le cabinet de la Pendule, le cabinet intérieur, le cabinet des Porcelaines et la bibliothèque de Louis XVI renferment des trésors.

L'appartement de Madame de Maintenon, maîtresse de Louis XIV, reflète le caractère austère de cette femme que le roi a voulu épouser avant de mourir. À l'étage supérieur, d'autres maîtresses royales avaient leur appartement : la marquise de Pompadour et la Comtesse Du Barry (favorites de Louis XV).

Le Salon de l'Œil de Bœuf.

Le Grand Cabinet du Conseil.

Les jardins

C'est le modèle même du jardin à la Française selon l'architecte Le Nôtre où tout est rigueur, symétrie, ordre, caractéristiques essentielles du classicisme. On peut parcourir l'Axe du Soleil avec ses parterres d'eau et ses bassins ou fontaines (la fontaine de Diane, le bassin de Latone), ou se perdre dans ses bosquets agrémentés eux aussi de bassins (le bassin de Bacchus, le bosquet de la Reine, le jardin du Roi, le bassin de Saturne, le bassin d'Apollon, etc.) et enfin découvrir ses parterres et l'Orangerie.

Le Grand et le Petit Trianon

Le Grand Trianon (appelé autrefois le Trianon de Porcelaine parce que ses murs extérieurs étaient recouverts de faïence de Delft) est remplacé par le Trianon de Marbre où Louis XIV a séduit sa dernière maîtresse, Madame de Maintenon. Dans ce château, Louis XIV vient écouter de la musique et les jardins du Grand Trianon ont un charme que seuls les jardins de dimensions réduites peuvent offrir.

Le Petit Trianon

Louis XV, passionné d'agronomie et de botanique, fait aménager un jardin avec des serres. De style néoclassique, ce petit palais carré à un étage, accueille Louis XV et sa maîtresse Madame du Barry. Marie-Antoinette adore y passer ses journées, loin de la Cour. Elle fait aménager les jardins selon la nouvelle mode des jardins anglo-chinois, plus pittoresque, avec un belvédère, construction octogonale au centre du Petit Lac. Sur les bords du Grand Lac, le Hameau, reconstitution d'un village paysan qui comptait douze fermes de style normand, était le refuge préféré de Marie-Antoinette qui s'y était même réservé un petit appartement.

Le Grand Trianon.

Le Petit Trianon.

À VOIR AUSSI

Les colonnes de Buren.

Le bassin central.

Le Palais-Royal

Édifié par le Cardinal Richelieu, le Palais Cardinal possédait un théâtre. Il prend le nom de Palais-Royal sous Louis XIII et devient propriété de la famille d'Orléans quand Louis XIV le donne à son frère Philippe.

Une seconde salle de théâtre est inaugurée en 1641. *Dom Juan*, *Le Malade imaginaire* de Molière et des tragédies de Racine (*Alexandre*, *la Thébaïde*) y sont présentées.

Le palais est agrandi et aménagé par les plus grands artistes du classicisme français, les jardins étaient un lieu de promenade très à la mode. Plus tard l'architecte Victor Louis entoure les jardins d'édifices uniformes comprenant 180 arcades et de nombreuses boutiques. Un nouveau théâtre construit à la fin du XVIIIe siècle, héberge la Comédie-Française en 1799. Foyer d'agitation sous la Révolution, le Palais-Royal est aussi un lieu de plaisir : jeu et prostitution y sont tolérés jusqu'en 1836. Aujourd'hui, le Palais-Royal abrite le Conseil d'État, le Conseil Constitutionnel et le ministère de la Culture. Les colonnes de Buren, placées dans une partie des jardins, ont donné lieu à de nombreuses polémiques.

La fontaine de Pol Bury.

La maison de Victor Hugo.

Place des Vosges

C'est la place monumentale la plus ancienne de Paris. Sa parfaite symétrie obéit aux règles de construction établies par Henri IV en 1604. Elle compte 36 pavillons (9 sur chaque côté) et alterne pierres et revêtements en fausse brique. Au rez-de-chaussée, une galerie d'arcades supporte deux étages surmontés de toits en ardoise percés de lucarnes qui font tout le charme de cette célèbre place. Appelée autrefois Place Royale, elle a été habitée par Mme de Sévigné, Bossuet, Richelieu, Victor Hugo, Théophile Gautier.

Place des Vosges.

L'Hôtel de Sully.

Le quartier du Marais

On a du mal à imaginer que ce quartier élégant était à l'origine une zone marécageuse insalubre. Le roi Philippe Auguste, en 1211, englobe ces marécages dans la nouvelle enceinte de la ville. Seul le nom du quartier rappelle cette lointaine époque. Peu à peu, le quartier du Marais devient un quartier résidentiel à la mode. Au début du XVIIe siècle, la noblesse s'y fait construire de magnifiques hôtels particuliers. Il est possible de les admirer, en parcourant la rue des Francs Bourgeois et la rue Saint-Antoine : l'Hôtel de Soubise qui abrite aujourd'hui les Archives Nationales, l'Hôtel Guénégaud édifié par Mansart, l'Hôtel Salé siège du musée Picasso, l'Hôtel de Rohan, orné des Chevaux du Soleil, du sculpteur Robert Le Lorrain, l'Hôtel Carnavalet, aujourd'hui musée de l'histoire de Paris, ou encore l'Hôtel de Lamoignon et l'Hôtel de Sully, qui a appartenu au ministre de Henri IV.

La Conciergerie

Non loin du Louvre, de l'autre côté de la Seine, se trouve la Conciergerie. Cet ancien palais des rois Capétiens est aussi la plus vieille prison de France. Ravaillac, l'assassin d'Henri IV et le célèbre voleur Cartouche y ont séjourné. Sous la Terreur, c'est là que Charlotte Corday poignarde Marat ; on y juge avant de les guillotiner la reine Marie-Antoinette, Danton, Robespierre, le chimiste Lavoisier, le poète André Chénier, le maréchal Hoche et des milliers d'autres. On peut visiter aujourd'hui une partie des locaux où ont été reconstitués la pièce du greffier [1], les cachots, en particulier celui des personnages célèbres, la salle de toilette où l'on « préparait » les condamnés.

La Conciergerie.

(FAITES LE POINT)

1   **Avez-vous bien lu ? Répondez aux questions.**

  1. Qui est l'architecte de la Pyramide du Louvre ?
  2. En quelle année sont ouvertes les ailes Denon et Sully ?
  3. Comment s'appelle l'architecte qui a créé les jardins de Versailles ?
  4. Qui est Madame de Maintenon ?
  5. Comment s'appellent les fils de Catherine de Médicis ?
  6. Quel roi meurt à la suite d'une blessure à l'œil ?
  7. Où Marie-Antoinette a-t-elle été enfermée ?
  8. Qui a été le premier propriétaire du Palais-Royal ?
  9. Quand le Louvre est-il devenu un musée ?
  10. Dans quelle salle du château de Versailles se déroulaient les fêtes les plus somptueuses ?
  11. À quand remonte le début de la construction de la forteresse du Louvre ?
  12. Quel château a été construit pour les parties de chasse des rois de France ?

1. **greffier** : personne qui s'occupe des actes des procédures judiciaires.

4 Paris Mémoire

🎞 L'histoire en cire

Antoine, Hassan et Juliette ont décidé de visiter le musée Grévin.

Juliette : J'avais une super envie de voir ce musée, au bahut [1] on m'en a souvent parlé !

Hassan : Et alors, qu'est-ce que tu en penses ?

Juliette : C'est vraiment très intéressant et même un peu impressionnant : tous ces personnages en cire, on dirait qu'ils sont vivants ! Regarde Marie-Antoinette et là Napoléon.

Hassan : Et puis on peut apprendre un tas de choses [2]. Les repères pour qu'on ne se trompe pas dans les siècles, je trouve ça génial, non ?

Antoine : Tiens, je me demande ce que vient faire là Michael Jackson !

Hassan : Mais il n'y a pas que des personnages historiques ici ! On y trouve aussi des célébrités du monde artistique, politique, des sportifs, des acteurs, enfin tous ceux qui sont célèbres quoi !

Juliette : Pourquoi on l'appelle Grévin ?

Hassan : C'est le nom de son créateur, c'était un caricaturiste qui travaillait dans un journal. Vous savez que le musée Grévin est le musée de France le plus visité après le Louvre ?

Juliette : Mais au fait, où est allée Aline aujourd'hui ?

Antoine : Elle a dit que les figures de cire c'était pas son truc [3]; elle est allée au cimetière du Père-Lachaise.

Juliette : Ah bon ?! Eh bien moi, je préfère voir les morts dans un musée plutôt qu'au cimetière, je trouve ça moins triste !

1. **le bahut** : (fam.) le lycée.
2. **un tas de** : (fam.) beaucoup de.
3. **c'était pas son truc** : (très familier) cela ne lui plaisait pas.

Antoine : Tiens, qu'est-ce que c'est que ça ?

Hassan : C'est une baignoire, mon cher ! C'est la baignoire de Marat.

Juliette : Celui qui a été poignardé dans son bain par Charlotte Corday ?

Hassan : Exactement, pendant qu'il lisait.

Juliette : Il lisait dans sa baignoire ?

Hassan : Oui, il y passait des heures à cause d'une maladie de peau. Ah ! Voilà maintenant tous les autres grands personnages de la Révolution; beaucoup ont été eux-mêmes guillotinés.

Juliette : Quelle époque ! Qu'est-ce que tu aurais préféré toi ? Être poignardé ou guillotiné ?

Antoine : Qu'elle est drôle [1]!

Marat assassiné, Jacques-Louis David.
(Musée National du Château, Versailles)

1. **drôle** : ici, amusante, humoristique (mais employé ironiquement).

À SAVOIR

Il était une fois Paris

Au IIIe siècle avant Jésus-Christ, la tribu celte des Parisii s'installe sur l'actuelle île de la Cité qui est un refuge naturel. Lutèce est née mais, bien que protégée par le fleuve, elle ne réussit pas à résister aux Romains qui la conquièrent en 52 avant Jésus-Christ. Sous la domination romaine la ville s'agrandit sur la rive gauche de la Seine (actuelle montagne Sainte-Geneviève). Lutèce connaît une période de paix interrompue par les invasions barbares. Puis les Francs, plus forts que les autres, décident de s'y établir, Clovis en fait la capitale de son royaume en 486.

Sous Charles le Chauve (en 885), Paris résiste contre l'invasion des Vikings qui remontent le fleuve et assiègent l'île de la Cité.

Plus tard sous la dynastie capétienne, la ville a un développement commercial sans pareil. Pendant le règne de Philippe Auguste la ville est entourée d'une enceinte, quelques rues sont pavées et des ponts relient la rive droite et la rive gauche à la Cité. Même la grande peste (1348) et les insurrections ne réussissent pas à affaiblir sa puissance. Les guerres de religion (on se souvient de la Saint-Barthélemy et du massacre des Huguenots sous Catherine de Médicis) n'arrêtent pas non plus le développement économique ni l'explosion architecturale de Paris : on construit toujours, à toute époque, sous chaque souverain. Avec Notre-Dame, l'Hôtel de Ville, le Louvre et les ponts... le Paris de l'histoire ressemble déjà au Paris actuel et regroupe toute la vie intellectuelle de la France : la Sorbonne remonte au Moyen-Âge et la prestigieuse Académie Française, fondée en 1635, est encore de nos jours un temple pour les « immortels » (c'est ainsi qu'on appelle les Académiciens).

Sous le Premier Empire l'Arc de Triomphe, voulu par Napoléon pour rendre hommage à la Grande Armée et la place de l'« Étoile », où convergent dans une parfaite symétrie douze avenues, témoignent du prestige de Paris à cette époque. Sous le second Empire, le Baron Haussmann transforme la ville en un immense

Le massacre de la Saint-Barthélemy en 1572.
(Musée cantonal des Beaux-Arts, Lausanne)

La bataille de Sedan. (Bibliothèque Nationale)

chantier. Il réalise de nombreux projets d'assainissement et d'embellissement : jardins, grandes avenues, égouts... La Commune (1870-1871), moment tragique de l'histoire de Paris, ne lui enlève pas sa réputation de lieu de plaisir. Se succèdent par la suite la Belle Époque puis, après la première guerre mondiale, les Années Folles où Paris devient la ville des artistes.

Aujourd'hui encore, c'est Paris qui dicte la mode, qui donne le ton et qui, malgré les lois sur la décentralisation, dirige et détient tous les pouvoirs...

1   Après avoir lu ce texte, reliez les éléments des deux colonnes.

1. Sur la Seine

2. Sous Charles le Chauve

3. Durant la grande peste

4. Pendant les guerres de religion

5. L'Académie Française

6. La Sorbonne

7. La Commune

8. La période des Années Folles

9. Paris

a. Paris résiste contre les Vikings.

b. il y a deux îles.

c. est encore la ville des artistes.

d. on a massacré les Huguenots.

e. a eu lieu au XIXe siècle.

f. se situe après la première guerre mondiale.

g. a été fondée en 1635.

h. a été créée au Moyen-Âge.

i. Paris ne perd rien de son activité commerciale.

GRAMMAIRE

LES PRONOMS PERSONNELS GROUPÉS

- Pour mémoriser la place des pronoms quand il y a à la fois les pronoms compléments d'objet direct et indirect, il suffit d'apprendre par cœur les séquences :

    me le, te le, le lui, nous le, vous le, le leur
    me la , te la , la lui, nous la, vous la, la leur
    me les, te les, les lui, nous les, vous les, les leur

- En général le pronom complément d'objet indirect précède le pronom complément d'objet direct, mais pour les pronoms compléments de la troisième personne du singulier et du pluriel, l'ordre est inversé : *le lui- le leur*

- Attention, on place toujours les pronoms devant les verbes auxquels ils se rapportent.

    Il demande de la lui donner.

    (ici les deux pronoms sont compléments du verbe à l'infinitif et non pas du verbe demander)

Voici un extrait simplifié du Père Goriot de Balzac. Il s'agit du moment où Eugène de Rastignac participe à l'enterrement du Père Goriot.

Quand le corps est placé dans le corbillard, deux voitures vides, celles des deux filles du Père Goriot se présentent et suivent le convoi jusqu'au Père-Lachaise. À six heures, le corps est descendu dans la fosse. Les deux fossoyeurs demandent alors un pourboire à Eugène qui fouille dans sa poche mais qui n'y trouve rien, il est obligé d'emprunter vingt sous à Christophe. [...] Eugène resté seul, fait quelques pas vers le haut du cimetière et voit Paris couché le long des deux rives de la Seine où commencent à briller les lumières. Ses yeux regardent avidement entre la colonne de la place Vendôme et le dôme des Invalides, là où vit ce beau monde dans lequel il a voulu pénétrer. Il lance sur cette ruche bourdonnante un regard qui semble par avance en pomper le miel et dit ces mots grandioses : « À nous deux Paris. »

1   **Lisez le texte puis transformez les phrases suivantes en utilisant des pronoms personnels simples ou groupés.**

   1.   Les deux fossoyeurs demandent <u>cinquante sous à Eugène</u>.
   2.   Il est obligé d'emprunter <u>vingt sous à Christophe.</u>
   3.   Il donne <u>le pourboire aux fossoyeurs.</u>
   4.   Il voit <u>Paris</u> couché le long des deux rives.
   5.   Ses yeux regardent avidement <u>la colonne de la place Vendôme et le dôme des Invalides</u>.
   6.   Il lance <u>à cette ruche bourdonnante le défi le plus extraordinaire.</u>
   7.   Eugène crie <u>à Paris</u> ces mots grandioses « À nous deux Paris ».

   ### LES PRONOMS RELATIFS COMPOSÉS

   •   Les pronoms relatifs **lequel** - **lesquels** - **laquelle** - **lesquelles** se réfèrent à des personnes et à des choses ; ils s'accordent en genre et en nombre avec le nom auquel ils se rapportent.

   •   Ils peuvent être associés aux prépositions **à** et **de** et deviennent alors des formes composées ou contractées.
       duquel - **desquels** - **de laquelle** - **desquelles**
       auquel - **auxquels** - **à laquelle** - **auxquelles**

   ---

2   **Remplacez les pronoms relatifs simples par des pronoms relatifs composés (n'oubliez pas la préposition).**

   Il voit ce beau monde où il a voulu pénétrer (dans) :
   il voit ce beau monde dans lequel il a voulu pénétrer.

   1.   Le corbillard où le corps est placé arrive au Père-Lachaise. (dans)
   2.   Les deux voitures où devraient se trouver les filles du Père Goriot sont vides. (dans)
   3.   Christophe avec qui Eugène est venu prête de l'argent à son ami pour payer les fossoyeurs.
   4.   Les fossoyeurs à qui Eugène parle attendent leur pourboire.
   5.   Les monuments où se dirigent les yeux d'Eugène brillent sous les étoiles. (vers)
   6.   Paris à qui Eugène lance un défi ressemble à une ruche bourdonnante.
   7.   Le Père Goriot adorait ses filles sans qui il ne pouvait pas vivre.

(SUIVEZ LE GUIDE)

À Paris, toutes les pierres parlent du passé, il est donc difficile de faire un choix pour évoquer Paris Mémoire ; nous vous proposons de découvrir des monuments construits pour se souvenir…

Le Musée National du Moyen-Âge

(6, place Paul-Painlevé)

Il est situé en plein Quartier latin et plus exactement à l'Hôtel de Cluny. C'est un musée qui n'est pas souvent visité mais qui vaut certainement le détour. L'Hôtel de Cluny, une des dernières demeures médiévales de Paris, est construit de 1485 à 1498 sur des thermes de l'époque gallo-romaine ; cette résidence des abbés de Cluny est de style gothique flamboyant.

Il contient des objets d'art du Moyen-Âge et de la Renaissance et des tapisseries à sujet profane ou religieux ; parmi elles, la célèbre Dame à la Licorne (tapisserie du XVe siècle).

 1   À L'ÉCOUTE

La Dame à la Licorne
Écoutez ce texte puis entourez les mots
que vous entendez.

Chef-d'œuvre de la *(pâtisserie / tapisserie / épicerie)* du XVe siècle, la Dame à la Licorne représente une *(dame / flamme / femme)* richement habillée, entourée d'un *(pion / camion / lion)* et d'une licorne. Elle est composée de 6 *(pièces / nièces / pierres)* qui représentent les cinq *(sens / lances / panses)* : le toucher, la vue, l'ouïe, le *(bout / goût / mou)*, l'odorat. La sixième pourrait représenter le *(lancement / pansement / renoncement)* aux *(biens / siens / liens)* de ce monde.

Le Panthéon

Pour vous rendre au Panthéon
en venant de l'hôtel de Cluny
vous passerez certainement
devant le Lycée Louis-le-Grand
d'où s'est fait expulser
Baudelaire ! Le Panthéon est
situé au cœur du Quartier latin
sur la montagne Sainte-
Geneviève. Sa construction
commencée en 1764 dure
plusieurs décennies et allie
l'architecture gothique à
l'architecture grecque. Né
d'abord comme église, pendant

la révolution il devient un
temple consacré aux grands
hommes : Mirabeau, Voltaire,
Rousseau, Marat, etc. Tout
au long du XIXe siècle sa
fonction civile alternera avec
sa fonction religieuse jusqu'en
1885 où, à l'occasion des
funérailles de Victor Hugo, il
deviendra définitivement la
nécropole des grands
hommes. Émile Zola, Jean
Jaurès, Jean Moulin, André
Malraux… y reposent.
En 1995, une polémique à
n'en plus finir a déchiré
l'opinion publique « Peut-on y
mettre les cendres d'une
femme ? ». Mitterrand, qui
était président de la
République, a tranché et dans
la crypte vous pouvez admirer
à côté du tombeau de Victor
Hugo celui de Marie Curie.

Les Invalides

Voulue par Louis XIV et son ministre de la guerre Louvois pour accueillir les soldats en fin de carrière ou les mutilés, la construction de cet hôtel commence en 1671 et se termine en 1676. L'architecte Hardouin-Mansart y ajoute deux églises, celle des Soldats (Saint-Louis) et celle du roi : le Dôme. Cet ensemble architectural de forme quadrilatérale comprend six cours dont l'imposante et classique Cour d'Honneur ornée de deux étages d'arcades. Le Dôme, parfait exemple de style classique français, présente un plan à croix grecque cernée de chapelles circulaires. Mausolée de Napoléon, le Dôme renferme depuis 1861 les cendres de l'Empereur dans un tombeau en porphyre rouge. D'autres sépultures de chefs militaires sont placées dans les chapelles latérales. L'Esplanade des Invalides, recouverte de pelouses, s'étend jusqu'à la Seine. La vocation militaire de l'ensemble explique la présence du très riche musée de l'Armée.
À proximité l'École Militaire et le Champ-de-Mars, espace autrefois destiné aux manœuvres militaires, aux Expositions Universelles et aux grandes fêtes nationales, et aujourd'hui lieu de promenade.

Les Invalides et le Faubourg Saint-Germain vers 1738. (Musée Carnavalet)

Le Musée Carnavalet

(23, rue de Sévigné)

Toute l'histoire de Paris est présentée dans ce musée composé de deux hôtels :

L'Hôtel Carnavalet regroupe des estampes et des témoignages des origines de Paris jusqu'à la Révolution ; il y a entre autres des souvenirs particuliers de Mme de Sévigné, des peintures et des meubles du XVIIe et du XVIIIe siècles.

L'Hôtel Le-Peletier-de-St-Fargeau est consacré à la Révolution et à des temps plus modernes de la vie à Saint-Germain-des-Prés. On peut y découvrir la période révolutionnaire, admirer des sculptures, des gravures mais aussi des toiles représentant Juliette Gréco ou Cocteau ou encore des photos du vieux Paris.

FAITES LE POINT

1 **Lisez les affirmations suivantes et dites si elles sont vraies (V) ou fausses (F) : si vous avez au moins six bonnes réponses continuez, sinon revoyez votre chapitre !**

		V	F
1.	Au Musée Grévin, il y a les cendres de Marie Curie.	☐	☐
2.	Charlotte Corday a assassiné Marat.	☐	☐
3.	Autrefois Paris s'appelait Lutèce.	☐	☐
4.	Clovis est un chef romain.	☐	☐
5.	Le Père Lachaise est un héros de Balzac.	☐	☐
6.	*La Dame à la Licorne* est une célèbre tapisserie.	☐	☐
7.	Charles Baudelaire a été renvoyé du lycée Louis-le-Grand.	☐	☐
8.	Au Musée Carnavalet, on peut admirer des statues de cire.	☐	☐
9.	Les Invalides est un hôtel qui servait de maison de retraite pour les soldats.	☐	☐
10.	Le tombeau de Victor Hugo se trouve au Panthéon.	☐	☐

🖭 Où est passée Aline ?

Juliette et Antoine cherchent Aline.

(Au téléphone)

Antoine : Bonjour Madame, c'est Antoine à l'appareil, un ami d'Aline. Est-ce qu'elle est là ?

La mère d'Aline : Non, elle vient de sortir. Je crois qu'elle est allée au Centre Pompidou pour consulter un livre à la bibliothèque.

Antoine : Merci, au revoir Madame.

La mère d'Aline : Au revoir Antoine.

(Sur l'esplanade du Centre Pompidou)

Juliette : Tu crois vraiment qu'on va la retrouver avec tout ce monde ?

Antoine : Mais bien sûr !... enfin, avec un peu de chance... Et puis même si on ne la retrouve pas, on va rester ici et on en profitera pour visiter Beaubourg.

Juliette : Tu as raison, bonne idée ! Mais tiens voilà Hassan ! Hassan, hou hou !

Hassan : Qu'est-ce que vous faites là ?

Juliette : On cherche Aline, tu ne l'as pas vue par hasard [1] ? Sa mère nous a dit qu'elle était à la bibliothèque.

1. **par hasard** : fortuitement.

Hassan : Oui oui, je l'ai vue mais elle est repartie : comme elle n'a pas trouvé ce qu'elle voulait, elle est allée à la Bibliothèque de France, au site Tolbiac je crois... C'est une bibliothèque gigantesque et ça ne va pas être facile de retrouver Aline là-bas !

Antoine : Ah bon, c'est encourageant !

Hassan : Mais au fait pourquoi vous la cherchez ?

Juliette : Il paraît qu'elle sait tout sur la Grande Arche et La Défense, on voulait qu'elle nous accompagne.

Hassan : Eh bien si vous voulez, c'est moi qui vous servirai de guide !

Juliette : Ah c'est vrai ! Tu fais les Beaux-Arts toi !

Hassan : Et cet après-midi, on pourrait aller au Stade de France !

Antoine : Formidable ! Comme ça on verra où les Bleus ont gagné le Mondial...

Juliette : Moi je déteste le foot...

Antoine : On ne te demande pas de voir un match, mais simplement d'aller voir le stade !!!

Juliette : Non, non, je crois que j'irai plutôt à la Villette avec Aline.

Antoine : À condition qu'on la trouve !

À SAVOIR

Les Présidents et leurs travaux

Charles de Gaulle (1958 - 1969)

Ancien chef de la France Libre, c'est le fondateur de la Ve République qu'il crée en 1958. Quatre ans plus tard il fait voter le nouveau mode d'élection du président qui a désormais de vrais pouvoirs et qui est élu au suffrage universel direct pour un mandat de sept ans.

Les événements de Mai 68 dénoncent un malaise profond de la société qui débouche un an après sur l'échec du référendum proposé par De Gaulle pour la réforme du Sénat et des régions. Le Général donne sa démission.

Il meurt l'année suivante en 1970.

Sous sa présidence, l'aéroport Roissy ouvre ses pistes et la Maison de la Radio dresse ses antennes.

Georges Pompidou (1969 - 1974)

Il modernise la France dans sa structure et fait passer une loi pour la décentralisation. Passionné d'art contemporain, il décide de faire construire un centre qui abriterait à la fois un musée, des expositions temporaires, une bibliothèque… et demande à l'architecte Renzo Piano de réaliser ce projet. Il ne le verra pas terminé car c'est sous son successeur que Beaubourg ouvrira ses portes. Il favorise aussi la réfection des Halles.

Valéry Giscard d'Estaing (1974 - 1981)

Sous son septennat, le projet du Centre Pompidou est achevé. Le musée du Quai d'Orsay fait peau neuve grâce à l'architecte italien Gae Aulenti. C'est à lui que revient le projet du Parc de la Villette.

François Mitterrand (deux septennats : 1981 - 1995)
C'est le seul président de la Ve République qui ait mené à terme deux mandats (14 ans). Sa présidence sera rappelée pour la « cohabitation » qui consiste à avoir un premier ministre d'un autre bord politique que celui du président. Il ne faut pas oublier non plus qu'il a aboli la peine de mort et créé le RMI (revenu minimum d'insertion) pour les personnes qui sont depuis longtemps au chômage.
Mais on se souviendra peut-être davantage des grands travaux de Mitterrand : la Villette, la grande Arche de la Défense, l'Opéra Bastille, la Pyramide du Louvre, la Bibliothèque de France et d'autres comme le ministère des Finances à Bercy, l'Institut du Monde Arabe, etc.

Jacques Chirac (1995 - ...)
C'est le président qui passera le cap du troisième millénaire. Sous son septennat, la cohabitation marche dans l'autre sens : le premier ministre est de gauche et le président de droite. Il inaugure le Stade de France à Saint-Denis : cela portera chance à l'équipe de France qui devient pour la première fois championne du monde de football en 1998.

1   **Qui suis-je ?**

Par quel président ces phrases ont-elles pu être prononcées ?

1. J'ai gouverné pendant 14 ans et j'ai complètement changé la physionomie de Paris : ....

2. Mon nom est lié à jamais à la coupe du monde de football et pourtant je n'aimais pas beaucoup ce sport ! : ....

3. Un musée des Sciences, voilà ce qui manque à Paris ! : ....

4. Ah ces jeunes, ils ne sont jamais contents ! : ....

5. Je passerais tout mon temps à lire, à écrire, à contempler des tableaux d'art moderne : ....

GRAMMAIRE

LES PRONOMS *EN* ET *Y*

* On utilise le pronom **en** pour remplacer un partitif.
  François Mitterrand a réalisé des projets → *Il en a réalisé.*
  (attention, quand **en** est placé devant le verbe conjugué à un temps composé, le participe passé reste invariable.)
* On l'utilise aussi avec les verbes suivis de la préposition **de**.
  Je parle du Musée d'Orsay → *J'en parle.*
* On l'emploie quand le complément d'objet direct est précédé d'un adjectif numéral, d'un article indéfini : *un, une*, d'un adjectif indéfini (*quelques, certains...*) ou d'un adverbe de quantité (*peu, trop, assez...*)
  Jacques Chirac a inauguré un stade → *Il en a inauguré un.*
  Valéry Giscard d'Estaing a réalisé quelques projets → *Il en a réalisé quelques-uns.*
  Sous Pompidou, il y a eu peu de travaux → *Sous Pompidou, il y en a eu peu.*
* **En** est aussi un adverbe de lieu qui indique la provenance.
  Je viens de Paris → *J'en viens.*

* On utilise **y** pour remplacer un complément de verbe ou de lieu.
  À Paris, les présidents ont fait de grands travaux → *Les présidents y ont fait de grands travaux.*
  Il a pensé à réaliser des projets → *Il y a pensé.*

« Georges Pompidou ne manque pas des qualités indispensables à l'homme d'état. Il a une formation littéraire et a été un des collaborateurs personnels du Général de Gaulle après la libération. Il a eu une solide expérience dans l'administration. Il a été l'un des principaux négociateurs des Accords d'Évian, par lesquels l'Algérie devient un pays indépendant en 1962... »

D'après un extrait de *L'Histoire de France* de Georges Duby

1   **Répondez aux questions avec les stimuli donnés en utilisant le pronom *en*.**

Est-ce que Pompidou collectionnait des œuvres d'art ? *Oui, il en collectionnait.*

1. Est-ce que Pompidou avait des qualités ? *Oui, ...*

2. Il avait de l'expérience dans l'administration ? *Oui, ...*

3. Avait-il fait des études scientifiques ? *Non, ...*

4. Il a connu des moments difficiles ? *Oui, ...*

5. A-t-il dû prendre des décisions importantes ? *Oui, ...*

6. Est-ce qu'il a rencontré des personnalités célèbres ? *Oui, ...*

7. Ses collaborateurs avaient de l'admiration pour lui ? *Oui, ...*

2 **Complétez les réponses à ces questions en utilisant *en* ou *y*.**

La fontaine animée de la place Stravinsky.

1. Les Présidents de la République ont fait construire des monuments ?
   Oui, ils ...

2. Ils ont pensé à la postérité ?
   Bien sûr, ils ...

3. Pompidou s'est consacré à l'art moderne ?
   Oui, il ...

4. Chirac est fier du stade et de l'équipe de France ?
   Oui, il ...

5. Les Français vont dans ces nouveaux musées ?
   Oui, ils ...

6. Dans cent ans, on parlera encore de ces monuments ?
   Bien sûr, on ...

7. Vous êtes allés visiter Beaubourg ?
   Oui, nous ... venons !

8. Pourquoi allez-vous à La Villette ?
   On ... va pour tout apprendre sur les sciences et les techniques.

3 **Transformez en remplaçant les compléments soulignés par des pronoms.**

Il parle <u>de la Villette à son ami</u> : *il lui en parle.*

1. Mitterrand présente <u>plusieurs projets à son premier ministre</u>.

2. Charles de Gaulle signe <u>les Accords d'Évian à Vichy</u>.

3. Georges Pompidou parle <u>de ses plans sur la régionalisation à ses ministres</u>.

4. Valéry Giscard d'Estaing inaugure <u>deux monuments à Paris</u>.

5. Jacques Chirac nous propose <u>des changements dans sa politique</u>.

6. Jacques Chirac accompagne <u>les ministres étrangers à la Villette</u>.

(SUIVEZ LE GUIDE)

Là où il y avait à aménager, à détruire pour reconstruire, les Présidents de la Cinquième République ont laissé leur empreinte. C'est pourquoi la visite du Paris des Présidents nous emmènera aux quatre coins de la ville.

Le quartier de la Défense

Situé au nord-ouest de Paris, dans l'axe des Champs-Élysées, le quartier de la Défense représente le visage futuriste de Paris. Aménagé à partir de 1958 pour devenir un quartier d'affaires et de bureaux, il accueille des tours, des places de béton décorées de statues et de fontaines, des bâtiments à l'architecture audacieuse, comme le CNIT (Palais du Centre National des Industries et des Techniques) et l'Arche de la Défense.

L'Arche de la Défense

Réalisée par l'architecte danois J.O. Spreckelsen, l'Arche se trouve presque dans l'axe de l'Arc de triomphe du Carrousel et de l'Arc de Triomphe. Presque... parce qu'un léger décalage par rapport à l'axe des Champs-Élysées, donne à l'ensemble plus d'épaisseur et montre des jeux de lignes qui sinon resteraient cachés. L'Arche abrite de très nombreux bureaux, dont ceux du Ministère de l'Équipement, et du Ministère des Transports. C'est aussi le siège de la Fondation internationale des droits de l'homme. Avec ses façades de verre et de marbre blanc de Carrare, l'Arche est le symbole de la modernité.

Le Stade de France

Le choix de Saint-Denis pour la réalisation du Stade de France a suscité bien des polémiques. En effet, cette commune au nord de Paris était synonyme de dégradation et de problèmes sociaux, mais pour les hommes politiques qui ont défendu ce choix cela voulait dire requalifier la ville en la dotant d'une structure ultramoderne capable d'accueillir des manifestations sportives, culturelles et musicales de grande envergure.

 1   À L'ÉCOUTE

Écoutez cette conversation entre deux amis et élaborez la fiche technique du stade.

lieu :
longueur :
largeur :
hauteur :
poids :
nombre de places assises :
accès pour handicapés :
restaurants :
bars - buvettes :
écrans :
ascenseurs :

La Bibliothèque de France

Quand François Mitterrand a été réélu en 1988, il a lancé le projet de la Grande Bibliothèque (appelée aussi la Bibliothèque de France). Elle a été inaugurée par Jacques Chirac le 17 décembre 1996 et ouverte au public quatre jours plus tard.

Le complexe de forme rectangulaire est encadré de quatre tours de 80 m de haut qui représentent quatre livres ouverts. Ces quatre tours, de 18 étages chacune, abritent des bureaux et des magasins où les livres sont conservés.

La tour nord-est possède un belvédère d'où le panorama est absolument exceptionnel. Une passerelle permet d'aller sur la rive droite de la Seine. Au milieu de ces quatre tours, on a aménagé un jardin qui compte 120 arbres.

Il est inutile de dire que le nombre de livres en consultation est effarant (de 10 à 12 millions) et tout est habilement orchestré par des centaines d'ordinateurs.

Le site Tolbiac (11, quai François Mauriac) abrite le département des livres imprimés (y compris les livres rares), le département des périodiques, de la phonothèque et de l'audiovisuel. Le site Richelieu (58, rue de Richelieu) comprend les manuscrits, les estampes et photographies, les cartes et plans, les monnaies et médailles, les affiches.

L'accès à la bibliothèque n'est pas libre, il faut payer un droit d'entrée, et elle n'est ouverte qu'aux personnes de plus de 18 ans.

L'Institut du Monde Arabe

(23, quai Saint-Bernard)

La réalisation de cet édifice naît de la coopération entre la France et 19 états qui en ont assuré le financement. Destiné à mieux faire connaître la civilisation arabe et musulmane, ce projet voit le jour en 1987. Sa conception est très moderne : verre, aluminium et béton sont les matériaux utilisés. Cet édifice s'articule autour d'une cour intérieure qui se prolonge vers l'extérieur par un étroit passage. Son architecte Jean Nouvel a parfaitement marié les deux cultures occidentale et arabe comme par exemple dans la façade sud : elle allie la tradition arabe avec ses formes géométriques à la technologie moderne des cellules photoélectriques qui tamisent la lumière. Le thé à la menthe, servi dans le salon de thé, est excellent.
À l'intérieur, le musée, la bibliothèque, le centre de documentation, l'espace image et son, ouverts à tous, permettent de mieux connaître et d'apprécier la civilisation et l'art du monde arabe.

Le Centre Georges Pompidou

Georges Pompidou voulait « un centre culturel qui soit à la fois un musée et un centre de création ». En 1977, trois ans après sa mort, on inaugure un centre d'avant-garde, une œuvre audacieuse dont l'aspect « industriel » au cœur d'un quartier ancien a choqué bien des gens. Mais la conception architecturale du projet est originale et convaincante : rejeter à l'extérieur les parties fonctionnelles pour une meilleure exploitation de l'espace intérieur. Ainsi ascenseurs, escaliers, conduites d'air et d'eau sont placés sur les façades et chaque couleur correspond à une fonction bien précise : le bleu pour l'air conditionné, le vert pour les conduites d'eau,

le rouge pour les voies de circulation, le jaune pour l'électricité.

À l'intérieur, 7 500 m² sont distribués sur six niveaux. Au rez-de-chaussée : une librairie, deux espaces pour les enfants ; au premier étage : le CCI (Centre de Création Industrielle) et des salles d'exposition ; au deuxième étage : la BPI (Bibliothèque Publique d'Information). Le troisième et quatrième étages abritent le remarquable Musée National d'Art Moderne. Du ready-made au pop art en passant par le fauvisme, l'art abstrait ou le surréalisme, on peut y admirer les œuvres des peintres les plus célèbres : Matisse, De Vlaminck, Derain pour les Fauves ; Braque, Picasso et Gris pour les Cubistes ; Fernand Léger ; pour les abstraits : Mondrian, Klee, Kandinsky, Delaunay...

Le Centre Pompidou et l'esplanade.

Et puis encore Chagall, De Chirico, Mirò, Ernst, Duchamp, Man Ray, Warhol... Le cinquième étage accueille les expositions temporaires, une cinémathèque, une cafétéria et offre une vue imprenable sur Paris.

À l'extérieur, l'esplanade Beaubourg, la Piazza, est un lieu de spectacle permanent : jongleurs, mimes, cracheurs de feu font la joie des enfants... et des grands. On peut y admirer les mobiles de Tinguely et les personnages de Niki de Saint-Phalle.

La grande « raffinerie » comme on l'a appelée, reçoit chaque année plus de 8 millions de visiteurs : c'est le centre culturel le plus visité de France.

Jeux d'eau de la fontaine Stravinsky.

Un concept original : toutes les parties fonctionnelles de l'édifice sont rejetées à l'extérieur.

L'Opéra Bastille

Quand vous arriverez place de la Bastille ne pensez pas y trouver les vestiges de la vieille prison. Symbole de l'absolutisme, elle est complètement détruite par le peuple de Paris en colère le 14 juillet 1789. L'Opéra Bastille, naît sur l'emplacement même de la prison, dans un quartier sans grand attrait touristique, à l'occasion du Bicentenaire de la Révolution. La modernité sobre et dépouillée de son architecture, ses formes géométriques, ses matériaux comme le verre, le marbre ou le granit n'ont pas fait l'unanimité sur son aspect esthétique. Mais l'intention de Carlos Ott, l'architecte canadien, de faire un opéra à vocation populaire, c'est-à-dire ouvert à tous et non pas un opéra réservé à une élite, a été réalisée. Temple de l'art lyrique, l'opéra comprend une salle modulable, un amphithéâtre et un studio. Sur la place de la Bastille, la colonne de Juillet surmontée du Génie de la Liberté commémore la Révolution de 1830 et les Trois Glorieuses.

La colonne de Juillet.

1 **Les architectes et leurs œuvres.**
   Attribuez à chaque édifice son architecte.

   1. Musée du quai d'Orsay   a. Renzo Piano

   2. Centre Pompidou   b. Carlos Ott

   3. Arche de la Défense   c. Gae Aulenti

   4. Institut du Monde Arabe   d. J.O. Spreckelsen

   5. Opéra Bastille   e. Jean Nouvel

À VOIR AUSSI

La Villette

Ce quartier du nord de Paris dans le 19ᵉ arrondissement, accueillait autrefois les abattoirs [1] de la ville. On entreprend leur destruction en 1969, car ils sont désormais vieux et insalubres. La Villette se métamorphose alors en quartier moderne et agréable : au milieu de vastes parcs, entre le Canal Saint-Denis et le Canal de l'Ourcq, s'élèvent deux complexes modernes qui rencontrent les faveurs d'un public jeune : La Cité des Sciences et de l'Industrie et la Cité de la Musique.

La Cité des Sciences et de l'Industrie

Inaugurée en 1986, cette cité-musée est une immense réussite. Sur une surface de quatre hectares, les visiteurs peuvent découvrir le monde fascinant des sciences et des techniques.
L'exposition permanente Explora permet d'admirer des reproductions des plus grandes réalisations technologiques de notre fin de siècle : le sous-marin Nautile, un étage de la fusée Ariane, une station orbitale... On peut aussi tout y apprendre, en vrac, sur

1. **abattoir** : lieu où l'on tue les animaux destinés à la consommation.

77

l'histoire des mathématiques, la dérive des continents, la vie des cellules, ou le nucléaire... Le grand intérêt de la Villette, c'est qu'il s'agit vraiment d'un musée interactif, où le visiteur, petit ou grand, peut sans complexe toucher, découvrir, expérimenter.

Des expositions temporaires affrontent régulièrement des thèmes scientifiques de grand intérêt. Enfin, le planétarium permet de s'initier aux mystères de l'astronomie et de découvrir le monde des étoiles et des planètes.

La Cité de la Musique

Cette cité, construite par l'architecte Christian de Portzamparc, est un temple pour la musique puisque ses murs insonorisés permettent qu'un orchestre entier joue sans qu'on n'entende rien dans la pièce à côté. Élégante et fine cette construction est aussi légère que les notes musicales : c'est là qu'on trouve tout le nécessaire pour la formation, la création et la diffusion musicales. Elle abrite le musée de la Musique et le Conservatoire national de musique et de danse.

La Géode

Cette énorme boule d'acier est impressionnante : le ciel s'y reflète et les nuages semblent plonger dans l'océan de cette mappemonde gigantesque ! Elle abrite une salle de cinéma ; pour y entrer (il n'y a que 357 places) n'oubliez pas de réserver. Les effets tridimensionnels vous transportent carrément dans l'image : l'écran mesure 1000 m² et le champ de vision est de 180°.

FAITES LE POINT

1 **Vous savez tout sur le Paris des Présidents ? Alors, ces mots croisés seront un jeu d'enfant pour vous.**

Horizontalement

a. Le nom d'une exposition permanente à la Villette.

b. Il a aboli la peine de mort en France.

c. Un quartier ultramoderne à l'ouest de Paris.

d. Un président passionné d'art contemporain.

e. Jean Nouvel a donné un institut à cette civilisation.

Verticalement

1. Un site de la BNF.

2. J.O. Spreckelsen l'a construite.

3. C'était une prison, c'est un opéra.

4. On lui doit le musée d'Orsay.

5. Il a inauguré le stade de France.

6. Le nombre de républiques que la France a connues.

7. La position de La Villette.

8. Un cinéma à La Villette.

📼 Il faut s'oxygéner !

Hassan a emmené ses amis faire du jogging au Bois de Boulogne.

Juliette : Ouf ! Arrêtez-vous ! Je n'en peux plus moi !

Antoine : Allez Juliette, courage ! Et ne parle pas, garde ton souffle !

Juliette : Ah non ! J'en ai assez, je m'arrête !

Hassan : Tout de même, Juliette, je te croyais plus sportive !

Juliette : Mais je ne suis pas venue à Paris pour faire du jogging dans un bois ! Je suis venue pour visiter la capitale moi !

Hassan : Oui, mais avec la pollution qu'il y a à Paris, il faut s'oxygéner de temps en temps ! Et le Bois de Boulogne est fait pour ça ! C'est le poumon de Paris !

Juliette : Tu parles ! Moi, mes poumons, ils n'en peuvent plus !

Hassan : Mais avec une belle journée comme ça, il faut en profiter ! On se croirait presque à la campagne !

Juliette : Justement parce que c'est une belle journée, on aurait pu faire autre chose. Un tour en bateau-mouche par exemple !

Hassan : En bateau-mouche ! Quelle horreur ! C'est pour les touristes ça...

Aline : On aurait pu faire une balade sur le Canal Saint-Martin... C'est la balade la plus pittoresque de Paris : on passe en bateau sous la place de la Bastille, on voit même les fondations de la colonne de Juillet !

Antoine : Ah bon ? On aurait pu faire tout ça ?... Et si on changeait de programme ?

Hassan : Décidément, les provinciaux, vous me décevez !! Alors, on repart ?

Juliette : Ah non, pitié !

Antoine : Bon, on ne peut quand même pas rester là toute la journée !

Aline : J'ai une idée ! Si on louait [1] des vélos ?

Antoine : Des vélos ? D'abord courir et puis maintenant pédaler ? Mais vous êtes fous !

Juliette : Moi je suis d'accord mais à une condition : on prend des tandems !

1. **louer** : prendre en location.

À SAVOIR

Les jardins dans l'histoire de Paris

La terrasse des Tuileries agrémentée de jardins au XIXe siècle. (Musée Carnavalet)

À partir du XVIe siècle, le jardin devient partie intégrante de l'architecture princière et le lieu privilégié des promenades où la population parisienne se rencontre. C'est bien entendu au XVIIe siècle que Paris se transforme sous la direction de Le Nôtre : les jardins des Tuileries sont un lieu prisé des rendez-vous mondains, même si sous Louis XIV, les jardins parisiens sont un peu négligés au détriment de ceux de Versailles. Le XVIIIe siècle est le siècle des « folies » : on construit de petits temples chinois, des portiques, des fontaines... Les jardins s'ouvrent au public comme par exemple celui du Palais-Royal. C'est de cette époque que date le parc de Bagatelle : son château dont la construction n'a duré que deux mois, a valu une petite fortune ; c'est de là qu'est née l'expression : « c'est une bagatelle ! » pour dire que ce n'est pas grand chose.

Sous la Révolution, tout est saccagé. Mais plus tard, Napoléon renoue avec la tradition. On termine les Champs-Élysées et on aménage la colline de Chaillot. Napoléon III poursuit une véritable politique d'aménagement des espaces verts à Paris et réalise quatre grands pôles de nature : les parcs des Buttes-Chaumont et de Montsouris au nord et au

sud, les bois de Boulogne et de Vincennes à l'ouest et à l'est. Il faut attendre les années 1970 pour qu'on crée d'autres parcs ou squares : le parc Georges Brassens, celui de Belleville, le jardin des Halles, le parc de Bercy, etc.

Aujourd'hui Paris compte plus de 400 parcs, c'est-à-dire environ 3000 hectares de verdure, véritables poumons de la capitale. Actuellement, dans la capitale il y a plus d'arbres qu'il y a 100 ans car la politique est au reboisement : le square René Viviani, dans le 5e arrondissement, possède l'arbre le plus vieux de la ville : c'est un Robinier faux-acacia qui date de 1601. Le parc Monceau a, lui, l'arbre le plus gros de Paris (il a 7 mètres de circonférence). Les clubs vélos pullulent et la mairie de Paris a engagé une véritable politique pour la promotion de la bicyclette et la réalisation de pistes cyclables.

Paris au fil de l'eau

Paris, port fluvial et port de plaisance

Port d'Austerlitz.

Paris est le troisième complexe portuaire de France après Marseille et Le Havre, c'est le premier port fluvial européen et son développement a été fortement marqué par l'incroyable dynamisme de la région parisienne. Situé tout près de l'île Saint-Louis, le Bassin de l'Arsenal occupe une place privilégiée dans Paris puisqu'il sert véritablement de trait d'union entre les canaux du nord et la capitale, en effet il relie le Canal Saint-Martin à la Seine. Après avoir été un port de transit, il accueille aujourd'hui un port de plaisance.

Les canaux

Napoléon 1er a ouvert de nouvelles voies navigables et a créé un véritable réseau de bassins et de canaux. En 1802, commencent les travaux du Canal de l'Ourcq et la construction du bassin de la Villette. Plus tard, on ouvrira le Canal Saint-Denis (1826) et le Canal Saint-Martin – ci-contre – (1822-25), réalisés en utilisant le système des écluses. Le Canal Saint-Martin est bordé de marronniers, il est traversé par de romantiques passerelles en fer. Situé dans le prolongement du bassin de l'Arsenal, il relie la Seine au bassin de la Villette. Si vous faites une excursion sur le Canal Saint-Martin une atmosphère magique sera au rendez-vous surtout lorsque vous passerez sous la féerique

Bateaux-mouches sur la Seine.

voûte souterraine de 2 km, juste au-dessous de la Bastille. Après plusieurs écluses et ponts tournants, le bassin de la Villette vous attend.

Les bateaux-mouches

Pour visiter Paris loin du bruit et des embouteillages, laissez-vous tenter par les bateaux-mouches ; vous y découvrirez la Seine, ses ponts, ses îles et les monuments qui la bordent. Vous verrez aussi la célèbre reproduction de Bartholdi de la Statue de la Liberté. Il existe trois compagnies : Bateaux-mouches, embarcadère au pont de l'Alma sur la rive droite, Vedettes Paris-Tour Eiffel, embarcadère au pont d'Iéna sur la rive gauche et enfin Vedettes du Pont-Neuf, embarcadère square du Vert-Galant.
Savez-vous pourquoi les bateaux-mouches s'appellent de cette façon ? Les premiers bateaux étaient construits par une entreprise lyonnaise dont le propriétairese nommait justement M. Mouche.

Pour une occasion particulière, on peut choisir de dîner sur la Seine. Les Yachts de Paris, qui n'accueillent pas plus de 40 convives dans leurs restaurants à moteur, offrent un service raffiné et des plats de choix. Mais le fin du fin, c'est Pierre Cardin qui le propose, avec le Maxim's-sur-Seine : une réplique flottante du plus grand restaurant de Paris.

Le Batobus met trois vedettes au service des Parisiens, et fonctionne de 10h à 22h, de la Tour Eiffel à Notre-Dame. Ces navettes fluviales représentent une alternative au métro ou au bus et sont particulièrement appréciées des Parisiens quand les transports publics se mettent en grève…

1 **Avez-vous tout compris ? Répondez aux questions.**

1. Qui a transformé les jardins des Tuileries sous Louis XIV ?

2. Durant la Révolution, quelle a été la politique concernant les jardins à Paris ?

3. Quel est l'apport de Napoléon 1er dans la transformation des jardins de Paris ?

4. Quels sont les quatre grands espaces verts créés par Napoléon III ?

5. Où se trouvent l'arbre le plus vieux et l'arbre le plus gros de Paris ?

6. Comment s'appelle le canal qui relie la Seine à la Villette ?

7. Quelle est l'origine du nom bateau-mouche ?

8. À quoi servent les batobus ?

GRAMMAIRE

LE CONDITIONNEL

Le conditionnel présent se forme à partir de l'infinitif du verbe auquel on ajoute les désinences de l'imparfait : **ais** - **ais** - **ait** - **ions** - **iez** - **aient**

Parler : je parler -ais ; tu parler -ais ; nous parler -ions

On l'utilise :

- dans les formules de politesse :
  Pardon Madame, pourriez-vous m'indiquer où se trouve l'Arsenal ?
- pour donner un conseil :
  Vous devriez réserver par téléphone, c'est plus pratique.
- avec *au cas où* :
  Au cas où il n'y aurait pas de place sur le pont, ne faites pas cette croisière.
- pour exprimer un désir :
  Plus tard, j'aimerais faire un tour en bateau-mouche.
- pour exprimer un futur dans le passé :
  Je savais qu'il viendrait.
- pour exprimer une supposition :
  Cette année, il y aurait eu plus de mille plaisanciers qui ont fait escale à l'Arsenal.
- dans les phrases hypothétiques avec si + l'imparfait :
  Si je devais faire une croisière, je choisirais celle du Canal Saint-Martin.

1 **Complétez les phrases en conjuguant les verbes au conditionnel.**

1. Si vous faisiez une croisière sur la Seine, vous .... (visiter) le Vieux Paris.

2. .... (être) -vous assez aimable pour m'indiquer l'embarcadère ?

3. Si vous vouliez faire une croisière, il .... (falloir) réserver.

4. Il .... (désirer) voir le port de plaisance.

5. Vous .... (devoir) prévoir une journée pour la visite.

6. Au cas où vous .... (avoir) un dîner d'affaires à organiser, vous .... (pouvoir) le faire sur un bateau.

7. Il savait qu'elle .... (aller) voir le Canal Saint-Martin.

8. Si vous présentiez ce coupon, vous .... (embarquer) tout de suite.

« Les jours de soleil Frédéric continuait sa promenade jusqu'au bout des Champs-Élysées. Des femmes, assises dans des calèches défilaient près de lui, au pas ferme de leurs chevaux. Les voitures devenaient plus nombreuses et ralentissaient à partir du Rond-Point occupant ainsi toute la voie. Ses yeux erraient sur les têtes féminines ; et de vagues ressemblances amenaient à sa mémoire Mme Arnoux. Mais le soleil se couchait, et le vent froid soulevait des tourbillons de poussière. Les cochers baissaient le menton dans leurs cravates ; tous les équipages descendaient au grand trot la longue avenue, puis, sur la place de la Concorde, se dispersaient. Derrière les Tuileries, le ciel prenait la couleur des ardoises. Les arbres du jardin formaient deux masses énormes, violacées par le sommet. Les becs de gaz s'allumaient ; et la Seine, verdâtre dans toute son étendue, se déchirait contre les piles des ponts. »

D'après *L'Éducation Sentimentale* de Gustave Flaubert

2   **Voici ce que Frédéric Moreau, le héros du roman, désirerait. Conjuguez les verbes au conditionnel présent.**

J'................ (aimer) tellement revoir Madame Arnoux. Je .... (vouloir) l'emmener sur une de ces calèches le long des Champs-Élysées. Qu'il .... (être) bon de lui parler ! J'............ (aimer) devenir pour elle un ami irremplaçable, être un frère, lui servir de conseiller. Ah comme je .... (désirer) être à ses côtés en ce moment ! Voilà je lui .... (tenir) la main, elle me .... (parler) tout bas, elle me .... (raconter) sa vie, son enfance. Nous .... (descendre) les Champs-Élysées, puis nous .... (tourner) autour du Rond-Point jusqu'à la Place de la Concorde. Derrière les Tuileries, le ciel .... (prendre) la couleur des ardoises. Les arbres du jardin .... (former) deux masses énormes, violacées. Les becs de gaz ....(s'allumer) et nous .... (être) heureux.

3   **À L'ÉCOUTE**

Imparfait ou conditionnel ?
Écoutez et dites si les verbes sont à l'imparfait ou au conditionnel. Attention, dans certaines phrases il y a deux verbes.

	1	2	3	4	5	6	7	8
Imparfait								
Conditionnel								

SUIVEZ LE GUIDE

L'école de botanique et la serre.

L'ippodrome de Longchamp.

Le Jardin des Plantes

En 1626, les médecins de Louis XIII créent un jardin pour cultiver des plantes médicinales. Aujourd'hui on peut encore y admirer de splendides collections horticoles et botaniques. Le parc écologique est planté d'arbres rares et centenaires, tandis que le jardin alpin abrite deux mille plantes de montagne. Au Muséum National d'Histoire Naturelle vous visiterez la Grande Galerie de l'Évolution avec ses spectaculaires spécimens naturalisés, et les diverses galeries d'anatomie, de paléontologie, de paléobotanique et de minéralogie. La ménagerie accueille de petits mammifères, des insectes et des reptiles.

Le Bois de Boulogne

Autrefois, les rois venaient y chasser le loup. Aujourd'hui, les 845 hectares de bois, jardins, lacs, rivières sont devenus le lieu traditionnel de la promenade dominicale des Parisiens. Complètement réaménagé au siècle dernier par Alphand, il est quadrillé de larges routes, de pistes cyclables et de sentiers pédestres et cavaliers. L'hippodrome de Longchamp et le champ de courses d'Auteuil accueillent les passionnés de courses de chevaux. Il abrite aussi un parc d'attraction, un stade (le Parc des Princes), le musée du sport, un zoo, le musée National des Arts et Traditions Populaires, le jardin des serres d'Auteuil, le jardin Shakespeare, le Pré Catelan et bien entendu Bagatelle (voir p. 82).

Le Bois de Vincennes

Le Parc de Bagatelle.

L'histoire du plus grand parc de Paris (995 hectares) ressemble sous bien des aspects à celle du Bois de Boulogne : voulu par Napoléon III pour doter la partie est de la capitale d'un espace vert, Adolphe Alphand le conçoit dans le même esprit que celui de Boulogne selon le concept des jardins à l'anglaise (collines, lacs, grottes, etc.). De nos jours, le bois de Vincennes abrite des lieux de détente et de loisirs, mais aussi le jardin tropical, les temples bouddhiste et tibétain, le musée des Arts Africains et Océaniens avec son aquarium, le théâtre de la Cartoucherie, le Parc Floral, l'espace « Paris-Nature » et bien entendu le jardin zoologique.

Le Bois de Vincennes.

Paris et ses îles

Le Pont Louis-Philippe.

L'île de la Cité, berceau de Paris, présente avec l'île Saint-Louis un intérêt touristique certain grâce à son architecture et à la beauté de son paysage. Certes, c'est l'île où se trouve Notre-Dame mais elle a un attrait tout particulier que le Square Jean XXIII ne fait qu'accentuer. Autrefois, il y avait des bâtiments qui entouraient la cathédrale ; après une violente émeute durant laquelle le peuple a tout détruit en 1831, on a dû ouvrir un square ce qui a permis d'avoir une vue sur le chevet de Notre-Dame.

L'île Saint-Louis n'avait pas à l'origine, l'aspect qu'elle offre aujourd'hui. En effet, elle était formée de deux îlots bien distincts : l'île Notre-Dame et l'île aux Vaches. Durant le Moyen-Âge, c'était là qu'avaient lieu les jugements de Dieu. De 1627 à 1664, Louis XIII a fait construire des ponts en pierre pour réunir les deux îlots. De nos jours, on peut encore admirer des demeures du XVIIe siècle, mais ce qui fait surtout son charme c'est qu'elle est interdite aux voitures.

L'île de la Cité.

Le Pont-Neuf

Le Pont-Neuf, à l'extrémité de l'île de la Cité, unit la place Dauphine au Quai de la Mégisserie. Avec ses douze arches irrégulières, c'est aujourd'hui le plus vieux pont de Paris. Construit de 1578 à 1604, ce pont était alors le repaire de toute une foule de charlatans et de personnages pittoresques, qui se retrouvaient dans les boutiques en plein air qui surmontaient chaque pile. C'est le premier pont qui ne soit pas bordé de maisons, mais de trottoirs : pour la première fois, les Parisiens pouvaient admirer la Seine... d'un pont ! Au milieu du Pont-Neuf se trouve une statue du roi Henri IV, et un petit escalier qui permet d'accéder au square du Vert-Galant [1]: un jardin tranquille et ombragé au cœur de Paris, d'où l'on peut contempler à loisir la Seine, le Louvre à droite, et l'Hôtel des Monnaies à gauche.

Le Pont-Neuf vers 1666. (Musée national du château, Versailles)

---

1. **Vert-Galant** : ce surnom du roi Henri IV fait allusion à ses nombreuses conquêtes féminines.

Le jardin du Luxembourg

Aménagé en 1617 à l'initiative de Marie de Médicis, ce jardin est conçu comme un jardin à la française (bassin, parterres, terrasses, arbres rigoureusement ordonnés), même si quelques éléments comme la fontaine Médicis rappellent le goût italien.
Cet espace vert en plein cœur de Paris représente un lieu de détente et de promenade pour les étudiants du proche Quartier latin et pour les enfants qui peuvent faire naviguer leurs voiliers sur le bassin, se promener à poney ou bien assister aux spectacles de marionnettes. L'école d'horticulture y produit un miel exquis et des fruits en quantité (pommes et poires). Le Palais est aujourd'hui le siège du Sénat.

Les jardins des Tuileries et du Carrousel

De la Pyramide du Louvre à la Place de la Concorde, ces jardins créés par Le Nôtre représentent l'esprit de rigueur et le goût de la perfection du classicisme. Jardin à la française par excellence, l'harmonie, l'équilibre et la symétrie sont les critères qui ont dirigé la main du maître. Aujourd'hui de nombreuses sculptures ornent les jardins, dont 18 bronzes d'Aristide Maillol.

On y trouve le musée de l'Orangerie qui expose les *Nymphéas* de Claude Monet et celui du Jeu de Paume qui accueille des expositions temporaires d'art contemporain.

FAITES LE POINT

1   Retrouvez les mots suivants dans la grille : lisez horizontalement, verticalement, de gauche à droite et de droite à gauche. Les lettres restantes vous donneront le nom d'un lieu très fréquenté par les Parisiens le dimanche.

Halles - Napoléon - Bercy - Royal - Denis - Paris - Lac - Zoo - Bois

H	H	I	P	P	B	R	O
N	A	P	O	L	E	O	N
D	L	A	C	R	R	Y	B
O	L	Z	O	O	C	A	O
D	E	N	I	S	Y	L	I
M	S	I	R	A	P	E	S

2   Dites si les affirmations suivantes sont vraies (V) ou fausses (F).

	V	F
1. C'est Le Nôtre qui a aménagé le bois de Boulogne au XIXe siècle.	☐	☐
2. Le Bois de Boulogne se trouve à l'ouest de Paris, le Bois de Vincennes à l'est.	☐	☐
3. Aucun espace vert n'a été créé à Paris au XXe siècle.	☐	☐
4. Les canaux de Paris ne sont pas navigables.	☐	☐
5. Les bateaux-mouches doivent leur nom à un certain Monsieur Mouche.	☐	☐
6. Les voitures ne peuvent pas circuler sur l'île de la Cité.	☐	☐
7. Le jardin des Plantes a été créé sous le roi Saint-Louis.	☐	☐
8. Le square du Vert Galant se trouve derrière Notre-Dame.	☐	☐
9. Le Pont-Neuf est le plus vieux pont de Paris.	☐	☐
10. Il y a un service de bateaux-bus sur la Seine.	☐	☐

📼 Paris à nos pieds

Antoine et Aline sont devant la cathédrale Notre-Dame.

Antoine : C'est bizarre... Je ne sais pas pourquoi, mais je l'imaginais plus grande...

Aline : C'est à cause du parvis[1]. À l'origine, il était petit et la cathédrale apparaissait immense... Mais au siècle dernier, on a agrandi le parvis et Notre-Dame semble plus petite ! On entre ?

Antoine : Attends ! Cette plaque par terre avec une étoile, qu'est-ce que c'est ?

Aline : Ça, c'est le point zéro.

Antoine : Le point zéro ? C'est de la science-fiction ?

Aline : Non ! C'est le centre de Paris ! Et c'est de ce point que l'on calcule les distances des autres villes ! Allez, viens, on va monter jusqu'en haut de la tour sud, celle de droite ! Il n'y a pas un nuage, on aura une vue fantastique !

Antoine : 186... 187... 188... je n'en peux plus !

1. **le parvis** : l'espace situé devant une église.

Aline : Pas la peine de compter : il y a 386 marches !

Antoine : Tu n'aurais pas dû me le dire !

Aline : Voilà, on y est ! Regarde un peu : tout Paris est à tes pieds ! Ça valait le coup[1] non ?

Antoine : Ah oui, splendide ! Regarde, La Tour Eiffel ! Et là-bas, cette coupole c'est quoi ?

Aline : Le dôme des Invalides. Et la tour moderne, là, c'est la tour Montparnasse !

Antoine : Aline, ces monstres, qu'est-ce que c'est ?

Aline : Ce sont des gargouilles. Elles représentent des chimères, des oiseaux fantastiques...

Antoine : Des gargouilles ?

Aline : Oui. Des sortes de gouttières, quoi ! Quand il pleut, l'eau s'écoule par là.

Antoine : Quand il pleut ? Tiens, j'ai reçu une goutte !

Aline : Oui, le ciel s'est couvert ! À Paris c'est comme ça ! Il fait beau, et puis tout d'un coup, les nuages arrivent et il pleut ! Allez, viens, on redescend ! On va visiter l'intérieur en attendant que le soleil revienne.

1. **ça vaut le coup** : ça vaut la peine, c'est à faire.

À SAVOIR

Paris et ses saints

Les origines de la ville de Paris remontent à l'époque gallo-romaine. Avec l'avènement du christianisme, deux saints, Saint Denis et Sainte Geneviève, donnent à la ville ses racines catholiques.

Saint Denis

Vers l'an 250, Saint Denis convertit au christianisme un grand nombre de Parisiens. Les autorités romaines ne voient pas cela d'un bon œil et le condamnent à mort. On dit que le premier évêque de la ville, affronte le martyre à Montmartre. En fait, Montmartre, très païen « mont de

Vie de Saint Denis, miniature du XIVe siècle. (Bibliothèque Nationale)

Sainte Geneviève patronne de Paris. (Musée Carnavalet)

Mercure » devient pour la tradition chrétienne « Mont des martyrs ». On raconte qu'une fois décapité, Saint Denis se relève, prend sa tête qu'il lave soigneusement et se remet à marcher. Après avoir parcouru six kilomètres (jusqu'à l'actuelle ville de Saint-Denis), il tombe aux pieds de la veuve Catulla qui le fait enterrer. Sur sa tombe, miracle !, du blé pousse immédiatement. Sainte Geneviève, au Ve siècle, fait construire sur cet emplacement une belle abbaye, remplacée au Moyen-Âge par une basilique gothique. C'est là qu'étaient ensevelis les rois de France.

Sainte Geneviève

C'est la première sainte « patriote », bien avant Jeanne d'Arc. En 451, Attila à la tête des terribles Huns, passe le Rhin. Les Parisiens fuient et abandonnent la cité. Une simple jeune fille, Geneviève, les persuade que Dieu ne les abandonnera pas. Et en effet, les Huns arrivent aux portes de Paris, mais passent outre, et se dirigent vers Orléans. Geneviève devient alors la sainte protectrice de Paris. On la vénère plus particulièrement dans l'église Saint-Étienne-du-Mont, qui abrite ses reliques, sur la Montagne Sainte Geneviève.

Au cours des siècles, couvents et abbayes prolifèrent à Paris : les Bénédictins sur la butte Montmartre, le couvent dominicain des filles de Saint Thomas à l'actuel emplacement de la Bourse, l'Abbaye bénédictine de Saint-Germain-des-Prés, l'Abbaye de Sainte-Geneviève et de Saint-Victor, Port-Royal, le Couvent des Carmes, etc. La Révolution fait table rase, et aujourd'hui seuls les noms de rues évoquent cette présence lointaine : rue des Abbesses, rue des Feuillantines, rue des Carmes.

Aujourd'hui Paris est une métropole cosmopolite. Des nationalités, des cultures et des religions différentes y cohabitent : musulmane, juive, orthodoxe. Elles ont aussi leurs lieux de culte : mosquées, synagogues, églises orthodoxes...

L'Abbaye de Port-Royal-des-Champs.
(Musée national des Granges de Port-Royal)

⟮ SUIVEZ LE GUIDE ⟯

Notre-Dame de Paris

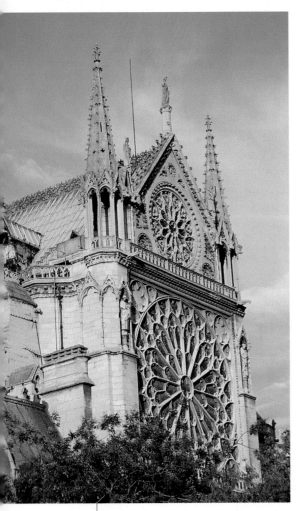

La rosace sud.

Souvent comparée à un vaisseau flottant sur la Seine, Notre-Dame veille depuis presque un millénaire sur l'île de la Cité et sur Paris.

Un temple gallo-romain, puis une basilique chrétienne, enfin une église romane, se sont succédé sur le futur emplacement de la cathédrale. On peut en voir les vestiges en visitant la crypte archéologique, sous le parvis.

En 1159, le nouvel évêque Maurice de Sully veut donner à Paris une église qui rivalise avec celle de Saint-Denis. Les travaux commencent quatre ans plus tard, en 1163, sous la direction de Jean de Chelles et de Pierre de Montreuil. Ils se terminent officiellement en 1250. Sous la direction de ces maîtres d'œuvres travaillent les « bâtisseurs de cathédrale », artisans du peuple : tailleurs de pierre, verriers, sculpteurs, charpentiers, ils mettent tout leur savoir-faire et leur talent, au service de ce chef-d'œuvre de l'art gothique.

Notre-Dame n'est pas épargnée par la Révolution : comme toutes les églises, elle est réquisitionnée, consacrée au culte de l'Être Suprême. Elle devient même grenier à fourrages !

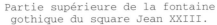

Partie supérieure de la fontaine gothique du square Jean XXIII.

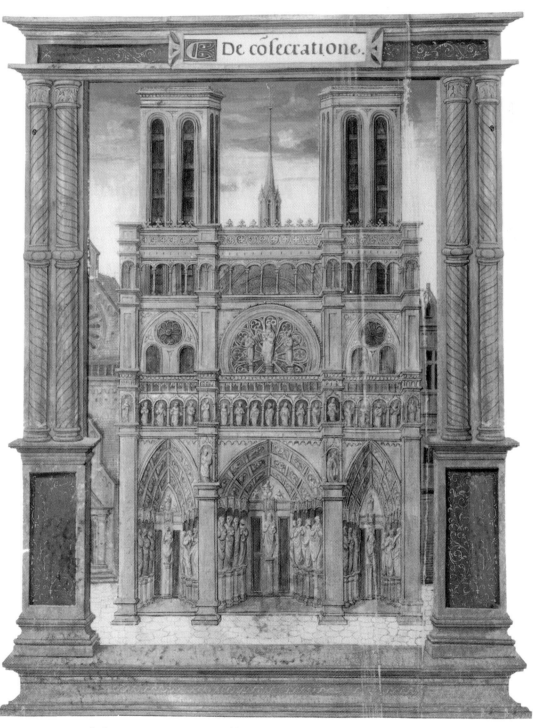

De côfecratione.

Miniature de 1530 représentant la façade de Notre-Dame.
(Bibliothèque Nationale)

Elle retrouve un moment de gloire avec le sacre de Napoléon, immortalisé par David.
Mais ce n'est que sous la Monarchie de Juillet que Notre-Dame, désormais bien endommagée, va être restaurée. Les travaux sont confiés à Viollet-le-Duc et durent 20 ans, jusqu'en 1864.

Une gargouille.

Le côté sud de Notre-Dame et le Trésor.

Notre-Dame a été le théâtre d'événements marquants de l'histoire de France : le couronnement du roi d'Angleterre Henri VI en 1430, le mariage du futur Henri IV avec Marguerite de Valois, le sacre de Napoléon... Plus près de nous, le Te Deum célébrant la libération de Paris a sans doute été l'un des moments les plus émouvants.
Notre-Dame a inspiré aussi une des plus grandes œuvres du romantisme français : *Notre-Dame de Paris*. Victor Hugo y fait revivre le Moyen-Âge et raconte l'amour tragique du bossu Quasimodo pour la belle gitane Esmeralda.

Les tours

Inachevées, elles auraient dû être surmontées d'une flèche gothique. La tour sud contient le « bourdon », la grosse cloche qui ne sonne que pour les événements exceptionnels. Du sommet de la tour sud, on admire un panorama unique sur l'abside de la cathédrale et sur Paris.

La grande galerie

Elle unit les deux tours, et est constituée de fines arcades. Les monstres, les démons, les oiseaux fantastiques qui l'ornent sont dus à Viollet-le-Duc.

La rose

C'est une auréole superbe, qui couronne une statue de la Vierge et l'enfant. Elle mesure presque 10 mètres de diamètre, et le travail de la pierre y est admirable. Il faut la contempler de l'extérieur, mais aussi de l'intérieur, pour profiter des merveilleux jeux de lumière et de couleurs, créés par les vitraux, la pierre et la lumière du jour.

La galerie des rois

Les 28 rois de Judée et d'Israël y sont représentés. Le nom de la galerie lui a valu bien des déboires : en 1793, les révolutionnaires, croyant que les statues représentaient les rois de France, les ont sérieusement endommagées ! Les statues que l'on voit aujourd'hui ont été refaites par Viollet-le-Duc.

Le Portail du Jugement dernier
Le Portail de la Vierge (à gauche)
Le Portail de Sainte Anne (à droite)

Les trois portails sont richement ornés de statues. À l'origine, elles étaient polychromes et se détachaient sur un fond doré, comme un merveilleux livre d'images qui racontait l'histoire sainte.

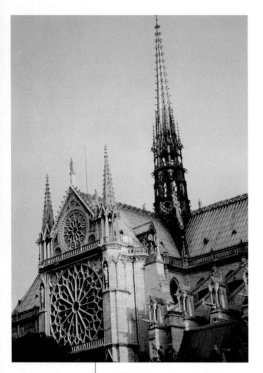

La flèche.

Le chevet de Notre-Dame et le square Jean XXIII.

La flèche

Celle que l'on voit aujourd'hui est l'œuvre de Viollet-le-Duc, car la flèche originale a été abattue pendant la Révolution. L'architecte en était sans doute bien fier, puisqu'il s'est représenté, tel les mécènes de la Renaissance, parmi les évangélistes et les apôtres en cuivre qui la décorent !

Le chevet ou l'abside

On a une vue magnifique sur l'abside du square Jean XXIII, aménagé sur l'emplacement de l'ancien archevêché. Une couronne de puissants arcs-boutants soutient le chevet de la cathédrale.

Le côté nord du transept

Autrefois s'y trouvait le cloître des chanoines. Au-dessus du portail, la grande rose, plus grande que celle de la façade, est un chef-d'œuvre de l'art gothique.

Un détail de la ros

Le côté sud

On y trouve le portail Saint-Étienne, où des sculptures évoquent la lapidation et le martyre du saint auquel était dédié le sanctuaire qui se trouvait à cet emplacement, avant la construction de la cathédrale.

1 **Vous savez tout sur Notre-Dame ? Alors choisissez la bonne réponse.**

   1. Notre-Dame a été fondée par
      ☐ Maurice de Sully
      ☐ Viollet-le-Duc
      ☐ l'évêque Frollo

   2. Le portail central est
      ☐ Le portail de la Vierge
      ☐ Le portail du Jugement dernier
      ☐ Le portail de Sainte Anne

   3. La flèche originale a été
      ☐ brûlée dans un incendie
      ☐ détruite pendant la Révolution
      ☐ abattue par un tremblement de terre

   4. La galerie des rois représente
      ☐ les rois de France
      ☐ les rois bibliques
      ☐ les rois d'Angleterre

   5. Le chevet est soutenu par
      ☐ quatre grosses tours
      ☐ une série de gargouilles
      ☐ une couronne d'arcs-boutants

   6. Le bourdon est
      ☐ un animal représenté dans les gargouilles
      ☐ une cloche
      ☐ une partie du portail central

   7. La restauration de Notre-Dame a été confiée
      ☐ à David
      ☐ au baron Haussmann
      ☐ à Viollet-le-Duc

GRAMMAIRE

Lancement triomphal de la comédie musicale « Notre-Dame de Paris »

« Les professionnels du « showbiz » ne sont ni des tendres, ni des enthousiastes naïfs. Il y en avait 1500 hier en fin d'après-midi au grand auditorium du Palais des festivals à Cannes pour le lancement de « Notre-Dame de Paris », le nouveau spectacle musical écrit par Luc Plamondon sur une musique du franco-italien Richard Cocciante. Et, dans ce gigantesque rendez-vous du Midem, où tout le monde court dans toutes les directions et consent à peine à s'arrêter cinq minutes pour écouter une nouvelle voix, tout le monde est resté jusqu'à la fin de la représentation, et s'est levé à la fin pour ovationner les deux auteurs et les sept chanteurs. »

D'après *La Presse,* 19 janvier 1998

LA PRÉPOSITION *PAR* OU *DE* ?

- La préposition **par** introduit le complément d'agent.
  Le spectacle est écrit par Luc Plamondon.
  Ce spectacle est interprété par de grands artistes.
- Dans certains cas, avec les verbes de sentiment, on utilise la préposition **de**.
  Richard Cocciante est un artiste aimé du public.
- Après certains verbes d'état, le complément peut être introduit par **par** ou **de**. S'il n'y a pas d'action, on emploie **de** :
  La maison est entourée d'un grand jardin.
  S'il y a action, on emploie **par** :
  Il a été entouré par quatre policiers.

---

1   **Complétez en employant *par* ou *de*.**

Le roman *Notre-Dame de Paris* a été écrit .... Victor Hugo. C'est aussi un dessin animé créé .... Walt Disney ; et maintenant, c'est une comédie musicale composée ...... Luc Plamondon et Richard Cocciante. Cette histoire est très aimée ...... public. Chaque soir, le spectacle est interprété .... sept chanteurs. Après la première représentation, les artistes ont été chaleureusement applaudis .... le public.

2 **Transformez à la voix passive.**

1. À la fin du spectacle, de longs applaudissements ont suivi la chute du rideau.

2. La chanteuse Noa interprète le rôle d'Esmeralda.

3. Quasimodo tue Frollo.

4. Plusieurs hommes aiment la belle Esmeralda.

5. Un orchestre accompagne la chanteuse Noa.

6. Un grand mystère a accompagné le lancement de ce spectacle.

7. Une trop grande passion habite tous les personnages masculins de cette histoire.

3 **À L'ÉCOUTE**

Masculin ou féminin ? Un des auteurs de la comédie musicale « Notre-Dame de Paris » est interviewé. Écoutez et cochez les mots que vous entendez.

☐ contemporains   ☐ contemporaines

☐ étranger   ☐ étrangère

☐ différent   ☐ différente

☐ mendiants   ☐ mendiantes

☐ laid   ☐ laide

☐ boiteux   ☐ boiteuse

☐ repoussant   ☐ repoussante

À VOIR AUSSI

Paris compte des dizaines d'églises. Il est impossible de les présenter toutes. Les visiter, c'est aussi suivre un itinéraire dans l'évolution des styles : roman, gothique, renaissance, baroque, néoclassique, chaque époque a laissé ses traces.

Saint-Germain-des-Prés

C'est la plus ancienne église de Paris, construite du Xe au XIe siècle sur les vestiges de l'ancienne abbaye bénédictine de Saint-Germain-des-Prés, fondée en 563. L'abbaye était un centre d'études, qui attirait des lettrés et des philosophes de toute l'Europe. L'ensemble a été saccagé pendant la Révolution.
De l'ancienne église romane, il reste la tour de la façade, et à l'intérieur la nef et les chapiteaux sculptés.

La Sainte-Chapelle

C'est le plus pur exemple du style gothique. Elle se trouve dans la cour du Palais de Justice, qui faisait partie du Palais royal. La Sainte-Chapelle a été voulue par Saint Louis, qui l'a fait construire en quelques mois, pour recevoir des reliques de la Passion du Christ, en particulier la couronne d'épines que Saint Louis avait rachetée aux Vénitiens.

Elle est composée de deux chapelles : la chapelle basse, destinée aux serviteurs du palais et la chapelle haute qui accueillait la famille royale et la cour.

Les parois sont formées d'immenses vitraux, aux couleurs vives : les bleus, les rouges, les verts, les jaunes, explosent à la lumière du jour. Ces vitraux immenses sont soutenus par des arcatures très fines. Les reliques du Christ étaient conservées dans un coffre richement orné. Le roi seul en avait la clé, et il l'ouvrait le vendredi saint pour montrer les reliques à la cour. Aujourd'hui, elles font partie du trésor de Notre-Dame.

Les vitraux racontent des épisodes de l'Ancien et du Nouveau Testament. Il faut les lire de gauche à droite et de bas en haut.

La Tour Saint-Jacques.

La tour Saint-Jacques

De l'église de la Paroisse Saint-Jacques de la Boucherie, construite sous François 1er et détruite sous la Révolution, il ne reste plus qu'une tour, en style néogothique. Là se retrouvaient les pèlerins qui partaient pour Saint-Jacques-de-Compostelle.

Saint-Eustache

Située au cœur du quartier des Halles, l'église Saint-Eustache est le seul témoin du passé, dans un quartier résolument tourné vers l'avenir.
Commencée en 1532, terminée en 1640, elle a été construite dans le style Renaissance. Mais la façade originelle a été détruite et remplacée par une façade classique.
Saint-Eustache est renommée pour ses grandes orgues : Liszt et Berlioz y ont créé certaines de leurs œuvres ; les concerts qui s'y tiennent aujourd'hui attirent un public de mélomanes.

Le Val-de-Grâce

L'église Saint-Eustache.

Anne d'Autriche fréquentait les Bénédictines installées dans le couvent du Val-de-Grâce. Sans enfant à 37 ans, elle fait le vœu de construire une église si elle donne un héritier mâle à son époux, le roi Louis XIII. En 1638, le futur Louis XIV naît.
L'église est construite en style baroque, sur un projet de Mansart. Les architectes s'inspirent de l'église Saint-Pierre de Rome pour la coupole dorée et pour le baldaquin à colonnes torses qui imite celui du Bernin.

Saint-Sulpice

C'est la plus grande église de Paris, après Notre-Dame. Un artiste florentin, Servandoni, est l'auteur de la façade baroque, en style « rocaille ». De nombreux artistes, dont le peintre Delacroix, ont participé à la décoration murale. On lui doit un « Jacob luttant avec l'ange ». Sur la place, la fontaine Saint-Sulpice est ornée de 4 statues représentant des orateurs français.

La Madeleine

Plus qu'une église, on dirait un temple grec avec ses 52 colonnes de style corinthien. Cette église a en fait subi les caprices de plusieurs rois : baroque sous Louis XV, Louis XVI la transforme en église néoclassique, sur le modèle du Panthéon. La Révolution interrompt les travaux. En 1806, Napoléon décide de transformer l'église en temple des forces armées. Ce n'est qu'à la Restauration que l'édifice redevient un lieu de culte, consacré à Sainte Marie-Madeleine.

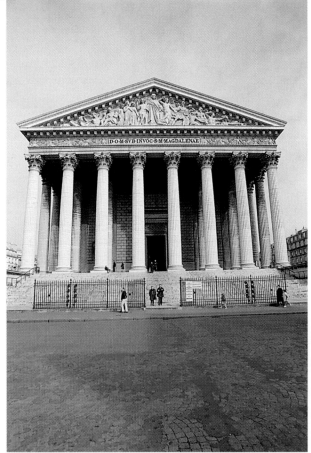

FAITES LE POINT

1 Si vous avez bien suivi cette étape, vous n'aurez aucun problème pour résoudre ces mots croisés.

Horizontalement

a. La direction dans laquelle est orienté le portail du cloître de Notre-Dame.

b. L'église consacrée à cette sainte ressemble à un temple grec.

c. Pronom sujet indéfini.

d. La direction dans laquelle est orienté le portail Saint-Étienne.

e. C'est la sainte protectrice de Paris.

f. Le n. 5 les a repoussés loin de Paris.

g. Le bossu qui hante les tours de Notre-Dame.

Verticalement

1. Le chef des barbares détournés par la sainte protectrice de Paris.

2. Le saint martyr décapité à Montmartre.

3. La partie postérieure de l'église, soutenue par les arcs-boutants.

4. Lieu de culte musulman.

5. L'église Saint-Germain-des-Prés était construite dans ce style.

6. Le nom de la place qui se trouve devant une église.

7. Celles de Saint-Eustache offrent de magnifiques concerts.

8. Celle de Notre-Dame a été refaite par Viollet-le-Duc.

9. Le style de Notre-Dame et de la Sainte-Chapelle.

8 Paris Intello

 Rive Gauche

Nos amis sont au Quartier latin, à la terrasse d'un célèbre café du boulevard Saint-Germain : « Le Flore ».

Hassan : Alors qu'est-ce que ça vous fait d'être assis à la terrasse du Flore comme Sartre, Camus et Beauvoir ?

Antoine : Moi, je me sens très « Rive Gauche » !

Juliette : Ça y est, il nous fait sa crise d'existentialisme !

Antoine : N'empêche que ce sont des noms qui ont compté ! Saint-Germain-des-Prés c'était le rendez-vous des intellectuels et des artistes et c'est ici que Sartre et Simone de Beauvoir venaient écrire.

Hassan : Oui et c'est encore comme ça ! Regarde le type là-bas, avec son écharpe et ses lunettes d'intello [1], c'est peut-être un écrivain célèbre... ou il va le devenir !

Aline : C'est vrai qu'ici il y a une atmosphère bien particulière. C'est peut-être à cause de la Sorbonne ?

Antoine : Ah bon ! Elle est où la Sorbonne ?

Hassan : Pas très loin. Vous savez que c'est la plus vieille université de France ?

Juliette : Mais on y donne encore des cours ?

Hassan : Oui, même si aujourd'hui toutes les Universités ne sont pas ici.

Aline : En fait il n'y a pas que la Sorbonne ! Il y a aussi Polytechnique, Normale Sup., le lycée Louis-le-Grand et le lycée Henri IV. Puis c'est aussi le quartier des grandes librairies. À propos si on allait chez Gibert ?

Juliette : C'est quoi ?

Aline : C'est une grande librairie du boulevard Saint-Michel.

(Quelques minutes plus tard à la librairie Gibert)

Juliette : Eh bien, il y en a du monde !

Hassan : Il doit y avoir une présentation de bouquins. Ça arrive souvent.

---

1. **intello** : abréviation d'intellectuel.

5ᵉ Arrᵗ
RUE
DU
FOUARRE

Antoine : Tu as raison, regarde, je crois qu'il y a un écrivain qui dédicace ses livres.

Juliette : Mais je le connais ! Je l'ai vu à la télé ! Mais comment il s'appelle ?

Antoine : Eh bien, demande-lui un autographe, comme ça tu sauras son nom !

À SAVOIR

Les Deux-Magots
(6, place Saint-Germain-des-Prés)

Avant d'être le café qu'on connaît, « les Deux-Magots » était un magasin de soie. C'est vers la fin du XIXe siècle qu'on l'a racheté et transformé. Verlaine, Rimbaud, Mallarmé l'ont fréquenté et très vite sa réputation est devenue solide. Plus tard, les surréalistes (Breton, Desnos…) puis d'autres artistes comme Picasso, Giacometti… se sont assis aux guéridons [1] des terrasses pour écrire, pasticher, dessiner. En 1933, on a créé le « Prix des Deux-Magots » dont les plus célèbres lauréats sont Queneau, Bataille, Blondin, etc.

Le Flore (172, Boulevard Saint-Germain)

Lui aussi, il a été créé à la fin du XIXe siècle. D'abord fréquenté par des gens de droite (des membres de l'Action Française) il est devenu par la suite le lieu préféré des existentialistes et des intellectuels de gauche. Sartre, Beauvoir, Camus, Prévert étaient des habitués. Si vous décidez d'y prendre un café, vous pourrez y voir des écrivains ou des cinéastes à la mode.

Le Procope (13, rue de l'Ancienne Comédie)

Au XVIIe siècle, Francesco Procopio dei Coltelli ouvre un local où l'on sert une boisson « miraculeuse » à l'époque : le café. Le succès est immédiat et l'on accourt de partout pour déguster le mystérieux breuvage aux multiples vertus. Puisqu'il est situé à proximité de la Comédie Française sa vocation est toute trouvée : il devient un café littéraire. C'est là que se réunissent les philosophes pour discuter politique et pour critiquer la monarchie. D'Alembert et Diderot y mettent au point le projet de l'Encyclopédie. Camille Desmoulins, Marat, Danton y décident le sort des aristocrates… De nos jours encore, le Procope est le lieu où on se rencontre pour parler littérature.

---

1. **guéridon** : petite table ronde.

Lipp (151, boulevard Saint-Germain)

C'est la brasserie parisienne la plus célèbre. Plus que des hommes de lettres, elle a accueilli des hommes politiques de grande envergure : François Mitterrand y avait sa table, Pompidou, Mauriac, Laval ou Léon Blum aimaient y déjeuner ; bref, des hommes de droite comme de gauche venaient déguster la choucroute du patron. Dans un passé récent, Bernard Pivot y présentait son émission « Apostrophe » que tous les Français regardaient assidûment le vendredi soir.

1   **Avez-vous tout compris ?**

Associez les mots suivants au café littéraire correspondant.

la choucroute – un prix littéraire – les existentialistes – le café –
les philosophes – Action Française – la soie – les surréalistes –
les révolutionnaires – Pompidou – Apostrophe – Rimbaud – Picasso

DE FLORE	*Magots*	*Le Procope*	LIPP

À savoir aussi

Dans les années 50, les jeunes semblent pris d'une frénésie de vivre. Ils discutent, expérimentent, analysent et découvrent l'ivresse de la musique. Chaque nuit, c'est le débordement de tous les sens. Introduit en France immédiatement après la deuxième guerre mondiale, le jazz fait son entrée en scène. On se produit tous les soirs dans les caves : au Tabou, Boris Vian et sa trompette sont célèbres, Juliette Gréco tout habillée de noir chante les chansons de Léo Ferré, Brassens et sa guitare réussissent petit à petit à conquérir les intellectuels parisiens.

Georges Brassens.

GRAMMAIRE

LA FORME EXCLAMATIVE

- Lorsque l'exclamation est qualitative, on utilise les adjectifs exclamatifs **quel** – **quelle** – **quels** – **quelles**.

    Quel café ! Quel beau café !

- Lorsque l'exclamation est quantitative, on utilise **que de**.

    Que de monde au Flore !

- Pour faire porter l'exclamation sur toute la phrase, on utilise **comme**, **que** ou **ce que** (uniquement dans la langue familière).

    Comme ils sont sympas ces Parisiens !

    Qu'ils sont sympas, ces Parisiens !

    Ce qu'ils sont sympas, ces Parisiens !

- On peut aussi bien rendre l'exclamation avec l'intonation.

    Ils sont sympas, ces Parisiens !

- Quand on est indigné et que quelque chose nous étonne ou nous choque, on utilise l'adverbe **comment** seul.

    Comment ?! Vous n'êtes jamais allés au Procope ?

« Alise entre, Jean-Sol Partre [1], à sa place habituelle, écrit, il y a beaucoup de monde, les gens parlent à voix basse. Par un miracle ordinaire, ce qui est extraordinaire, Alise voit une chaise libre à côté de Jean-Sol et s'assied. Elle pose sur ses genoux son sac pesant et défait la fermeture. Par-dessus l'épaule de Jean-Sol, elle voit le titre de la page, *Encyclopédie*, volume dix-neuf. Elle pose une main timide sur le bras de Jean-Sol, il s'arrête d'écrire.

— Vous en êtes déjà là, dit Alise.

— Oui, répond Jean-Sol. Vous vouliez me parler ?

— Je voulais vous demander de ne pas le publier, dit-elle.

— C'est difficile, dit Jean-Sol. On l'attend.

Il retire ses lunettes, souffle sur les verres, et les remet, on ne voit plus ses yeux. [...]

1. **Jean-Sol Partre** : n'est autre que Jean-Paul Sartre.

— Il faudrait le retarder de dix ans, dit Alise. [...]

— Pourquoi ?

— Je vais vous expliquer : Chick dépense tout son argent à acheter ce que vous faites, et il n'a plus d'argent.

— Il ferait mieux d'acheter autre chose, dit Jean-Sol, moi je n'achète jamais mes livres. »

D'après *l'Écume des jours* de Boris Vian

1 **Lisez l'extrait ci-dessus et construisez des phrases exclamatives, selon les suggestions.**

Jean-Sol Partre écrit beaucoup : *qu'il écrit beaucoup !*

1. Il y a beaucoup de monde au café où va habituellement Jean-Sol Partre. (quantité)

2. C'est un miracle de trouver une place libre à côté de Jean-Sol Partre. (qualité)

3. Le sac d'Alise est lourd. (exclamation sur la phrase)

4. Il est difficile de retarder la publication du livre. (exclamation sur la phrase)

5. Dix ans, c'est long. (exclamation sur la phrase)

6. Chick est stupide d'acheter tous les livres de Partre. (familier)

7. Jean-Sol Partre est un auteur intelligent. (qualité)

8. Jean-Sol Partre ne veut pas retarder la publication de son livre. (indignation)

2 **Formez des phrases exclamatives avec les mots suivants.**

bruit / café les Deux-Magots / y avoir : *que de bruit il y a au café Les Deux-Magots !*

1. Intéressant / livre de Jean Paul Sartre / être

2. Chers / les cafés au Procope / être

3. Bonne choucroute / on / servir à la Brasserie Lipp

4. Important / rôle / Bernard Pivot / avoir

5. Gros succès / obtenir / la boisson miraculeuse appelée « café » au XVIIIe siècle (passé composé)

6. Auteurs célèbres / fréquenter Le Flore (passé composé)

7. Rencontres intéressantes / on / pouvoir faire au café Les Deux-Magots

8. Somme / donner / on / pour le prix littéraire Les Deux-Magots

(SUIVEZ LE GUIDE)

Le Pont des Arts

Cette passerelle piétonne au charme romantique relie le Louvre à l'École
Nationale des Beaux-Arts qui autrefois était un couvent fondé par la Reine
Margot (première femme d'Henri IV), mais aussi à l'Hôtel des Monnaies et à
l'Institut de France. C'est le premier pont en fonte de Paris. Il a été construit
en 1802. Pour s'y promener, pour s'asseoir sur les bancs et regarder couler
la Seine, les Parisiens devaient alors payer une somme modique.

L'Institut de France

(Quai de Conti)

En 1661, Mazarin donne à sa mort 2 millions de
livres pour construire un collège qui suit au cours
des siècles un étonnant parcours. Terminé en 1668,
on le ferme deux ans plus tard et par la suite,
il devient une prison puis une école des Arts.
Napoléon, en 1805, transforme ce collège en Institut
qui regroupe cinq académies : l'Académie Française
(1635), les Inscriptions et Belles Lettres (1663), les
Sciences (1666), les Beaux-Arts (1803), et enfin les
Sciences morales et politiques (1832).
L'Académie Française : créée en 1635 par Richelieu,
elle a servi au roi Louis XIII et à son ministre pour
contrôler toutes les publications de l'époque et pour
mettre au point une langue qui pouvait être
utilisée dans toute la France surtout au niveau
administratif. Au début, le roi désignait les

Rue de l'Ancienne
Comédie et au fond
l'Institut de France.

Le Pont des Arts et l'Institut de France.

académiciens, par la suite, les membres choisissaient les remplaçants des collègues décédés ; de nos jours, c'est encore ce même système qui est employé. Les 40 Académiciens, appelés « immortels » parce qu'ils possèdent ce titre jusqu'à leur mort, travaillent à un dictionnaire de l'usage des mots. Les femmes à l'Académie sont rares : Marguerite Yourcenar est la première à être élue en 1980. Jacqueline de Romilly (1988) est la deuxième et enfin la troisième est une historienne : Hélène Carrère d'Encausse (1990).

Le Collège de France

(11, place Marcelin Berthelot)

Situé à côté du célèbre Lycée Louis-le-Grand et de la Sorbonne, le Collège de France est une institution qui n'a aucun équivalent à l'étranger ou en province. François 1er qui désirait un enseignement libre du latin a fondé ce Collège pour « concurrencer » la Sorbonne. On y apprenait le latin, le grec et l'hébreu puis plus tard on y a ajouté d'autres disciplines. Les bâtiments ont été souvent modifiés. Champollion, Michelet, Bergson, Paul Valéry y ont enseigné.
De nos jours, les cours sont libres, il n'y pas de droits d'inscription mais ces études n'aboutissent à aucun diplôme. On compte environ 5000 auditeurs libres.

Le Quartier latin

On peut se demander quelle est l'origine de ce nom un peu étrange : c'est sa tradition universitaire puisque professeurs et étudiants s'exprimaient en latin. Sa vocation religieuse et culturelle, son passé prestigieux en font un lieu mythique qui, même s'il n'est plus ce qu'il était, fait toujours rêver… C'est l'endroit où l'on vit la nuit, celui où tout le monde parle à tout le monde. Les rues possèdent un charme tout à elles : le Boulevard Saint-Michel, la rue Mouffetard, la rue de Huchette, la rue de la Harpe, etc. Mais le Quartier latin évoque aussi la contestation de mai 1968, les manifestations dans les rues et les pavés lancés contre la police. Daniel Cohn-Bendit, aujourd'hui député vert en Allemagne et Alain Krivine étaient les leaders de cette véritable révolution.

Une librairie du Quartier latin.

La Sorbonne (place de la Sorbonne)

Elle naît en 1257 et son fondateur est Robert de Sorbon (1201-1274).
Elle devient rapidement une université importante et attire un grand nombre d'étudiants. Avec le temps, elle semble s'endormir, Louis XIV l'oblige à obéir à ses lois et la censure interdit les travaux de Descartes et de Leibniz. Au XVIIIe siècle la Sorbonne s'oppose aux philosophes et il faut attendre Napoléon 1er pour qu'elle se réveille de sa léthargie. Elle traverse ensuite le XIXe et les

différentes guerres sans subir de gros bouleversements. Vers 1950, elle ne peut plus contenir tous les étudiants et de nouveaux espaces seront aménagés : Jussieu (la Halle aux Vins) et Censier (la Halle aux Cuirs). En 1968, des étudiants demandent de participer aux assemblées de faculté, ils réclament le droit aux études pour tous. En quelques semaines la Sorbonne est transformée en champ de bataille. Les murs se colorent de graffitis « *l'imagination au pouvoir* », « *il est interdit d'interdire* » ... Jean-Paul Sartre acclame les jeunes et leur parle dans les amphis. Très vite les ouvriers rejoignent le mouvement : la France est paralysée par un mois de grève générale.

1 À L'ÉCOUTE

Révolte au quartier latin.
Écoutez et mettez une croix dans la bonne case.

1. Les affrontements ont opposé

    ☐ des étudiants à des ouvriers

    ☐ des étudiants à l'armée

    ☐ des étudiants aux forces de l'ordre

2. Ces affrontements ont eu lieu

    ☐ Rue Mouffetard et à la Sorbonne

    ☐ Boulevard Saint-Michel et autour de la Sorbonne

    ☐ Rue des Écoles et autour de la Sorbonne

3. Le bilan est

    ☐ lourd

    ☐ négligeable

    ☐ inconséquent

4. Le blessé grave est

    ☐ un étudiant

    ☐ un policier

    ☐ un ouvrier

5. Il y a

    ☐ 27 personnes gardées à vue

    ☐ 27 personnes de Bellevue

    ☐ 27 personnes en revue

6. On a peur

    ☐ d'une action violente de la part des ouvriers

    ☐ d'une action violente de la part des étudiants

    ☐ d'une action violente de la part des commandos d'extrême droite

À VOIR AUSSI

Les bouquinistes

C'est en longeant les quais de la Seine que vous découvrirez d'étranges « boîtes [1]» ... ce sont les magasins miniaturisés des bouquinistes où on peut acheter toutes sortes de livres d'occasion et bien entendu des estampes de collection. Si vous êtes amateurs d'éditions rares peut-être pourrez-vous y trouver votre bonheur !

1. **les boîtes** : c'est ainsi qu'on appelle les échoppes des bouquinistes.

Librairie de livres anciens.

Des livres anciens aux livres de poche, il y a des bouquins pour tous les goûts et pour toutes les bourses.

FAITES LE POINT

1   **Si vous avez bien lu cette étape, vous saurez retrouver lieux et personnages correspondant aux définitions.**

1.   En un tour de main, il se retrouve le n°1, ministre du Roi-Soleil, il a fait des merveilles.

....

2.   À la Sorbonne vous le trouverez, l'Académie française il a créée.

....

3.   Un quartier du Paris de la culture, il est à fois saint et nature.

....

4.   Dans ce célèbre café, les intellos aimaient se retrouver.

....

5.   De la nausée à l'existentialisme, cet écrivain ne manque pas de réalisme.

....

6.   François 1er le façonne, pour concurrencer la Sorbonne.

....

7.   Son nom a donné la toute première université.

....

8.   On y parlait la langue des Romains, son nom vient de là, cela est certain.

....

9.   Première épouse d'Henri IV, c'était la femme à abattre.

....

10.   En 1635, elle a été créée pour tout contrôler.

....

11.   Il regroupe cinq académies qui sont toujours en vie.

....

12.   Célèbre brasserie, tous les VIP elle convie.

....

13.   Le café des philosophes, n'est sûrement pas encore OFF.

....

14.   Dans ce café, des trésors s'il y en a deux, ce n'est pas peu !

....

 Sur les Champs-Élysées

Juliette et Hassan viennent de monter au sommet de l'Arc de Triomphe.

Juliette : J'en ai assez de descendre et de monter ! Je suis crevée [1]!

Hassan : Je sais, mais reconnais que Paris vu du haut de l'Arc de Triomphe, c'est magnifique, non ?

Juliette : C'est vrai... On voit toute la place de l'Étoile... On a l'impression de dominer Paris !

Hassan : Si tu as des rêves de grandeur, tu vas être servie ! Viens, maintenant, on va descendre les Champs-Élysées jusqu'à la Place de la Concorde.

Juliette : À pied ?

Hassan : Oui, à pied, comme au défilé du 14 juillet !

(Quelques minutes plus tard)

Juliette : Ce n'est pas aussi sur les Champs-Élysées que se termine le Tour de France ?

Hassan : Exact !

Juliette : Oh, regarde ! Un grand magasin, on rentre ?

Hassan : D'accord... Tu veux acheter quelque chose ?

Juliette : Oui. Je voudrais rapporter un cadeau à ma sœur... un petit bijou par exemple, c'est bientôt son anniversaire.

Hassan : Si tu veux un bijou... je t'emmène Place Vendôme : Cartier ou Boucheron, choisis !

Juliette : Non mais ça ne va pas la tête ? Tu te moques de moi ou quoi ?

Hassan : Alors on va attendre que tu deviennes riche et célèbre ! Mais pour l'instant marchons !

Juliette : C'est encore loin ?

Hassan : Non, pas tellement. Tiens, on voit déjà l'Obélisque !

---

1. **je suis crevé** : je suis très fatigué.

À SAVOIR

Le Baron Haussmann (1809 - 1891)

En 1851, par un coup d'État, Louis-Napoléon prend le pouvoir et se proclame empereur, sous le nom de Napoléon III. George Eugène Haussmann est alors Préfet de Bordeaux. De sa lointaine province, il appuie le coup d'État et collabore à sa réussite. Deux ans plus tard, l'empereur l'appelle à Paris et le nomme Préfet de la Seine.

Napoléon III remet au Baron Haussmann le décret d'annexion des communes de la périphérie de Paris, 1859. (Bibliothèque historique de la ville de Paris)

Ainsi, jusqu'en 1870, Haussmann va transformer Paris en métropole moderne. On abat les petites rues pour créer de grands espaces autour des édifices principaux. On perce les grands boulevards. On construit de nouveaux aqueducs pour approvisionner la ville en eau ; on creuse un réseau d'égouts, pour déverser les eaux sales dans la Seine, loin de Paris. On aménage des parcs et des jardins ; Paris, désormais illuminé au gaz, gagne le titre de « ville lumière ». Enfin Paris devient une ville tentaculaire et avale des petites communes de la ceinture : Auteuil et Passy à l'ouest, Montmartre au nord, Grenelle et Vaugirard au sud.

Mais un préfet n'est pas seulement un urbaniste. C'est avant tout un fonctionnaire de l'État, chargé de l'ordre public : en effet, les travaux d'Haussmann sont dictés par des exigences politico-policières. Il doit empêcher, ou du moins rendre plus difficiles les insurrections : les Parisiens ont plus d'une fois élevé des barricades contre le pouvoir en place. Dans les petites rues tortueuses de la capitale, les rebelles se dispersent et se cachent facilement ; avec des rues plus larges, qui convergent toutes vers de grandes places, il est beaucoup plus facile de maintenir l'ordre : un seul canon bien placé au carrefour de plusieurs rues permet de contrôler un vaste secteur...

Percement du boulevard du Palais. (Musée Carnavalet)

Les travaux d'Haussmann :
une formidable opération financière

1 **Complétez le texte avec les mots suivants :** *emprunt, prêter, spéculation, immeuble, rénovation, banque, remboursement, investisseur, financer.* **(attention : il faut accorder les substantifs et conjuguer les verbes !)**

Pour .... les immenses travaux voulus par le Préfet de Paris, l'État lance des .... : les grandes ...., mais aussi les bourgeois, ... de l'argent. En fait, le .... est assuré, car les projets de Haussmann sont hautement productifs.

Ainsi, les travaux de .... deviennent l'objet d'une immense .... financière et immobilière. Les .... s'enrichissent et achètent les nouveaux .... luxueux qui bordent les grandes avenues et les grands boulevards. Quant au petit peuple qui habitait dans les vieilles maisons maintenant détruites, il est chassé vers les faubourgs. La ville appartient désormais à la bourgeoisie triomphante.

GRAMMAIRE

LES ARTICLES PARTITIFS

- Les articles partitifs **du**, **de la**, **des** servent à indiquer une quantité indéterminée. L'article partitif négatif est **de**.

  Ce matin, il y a du brouillard sur Paris.
  J'espère qu'à Noël, il y aura de la neige.
  Le principal, c'est qu'il n'y ait pas de pluie.
  Il y a des nuages !

- Attention au pluriel :
  - si un adjectif précède le substantif, l'article partitif est **de**
    J'ai vu de beaux monuments.
  - si l'adjectif suit le substantif, l'article partitif est **des**
    J'ai visité des monuments magnifiques.

Dans le roman Le Bachelier, *l'écrivain Jules Vallès évoque ses années de jeune étudiant à Paris. Par un coup d'état, Napoléon III vient de se proclamer empereur. Le jeune narrateur espère une rébellion de la part des Parisiens.*

2 décembre

« La rue est-elle déjà debout et en feu ? Y a-t-il des chefs de barricades, des hommes de sociétés secrètes, les vieux, les jeunes, ceux de 39, ceux de Juin, et derrière eux la foule frémissante des républicains ?

À peine de maigres rassemblements ! Des gouttes de pluie sur la tête, de la boue sous les pieds, – les affiches blanches sont claires dans le sombre du temps, et crèvent, comme d'une lueur, la brume grise. Elles paraissent seules vivantes en face de ces visages morts !

Les déchire-t-on ? Hurle-t-on ?

Non. Les gens lisent les proclamations de Napoléon, les mains dans leurs poches, sans fureur !

Oh ! si le pain était augmenté d'un sou, il y aurait plus de bruit !... Les pauvres ont-ils tort ou raison ?

On ne se battra pas !

Nous sommes perdus ! Je le sens, mon cœur me le crie ! mes yeux me le disent !... La République est morte, morte ! »

1 **Après avoir lu l'extrait du *Bachelier*, répondez aux questions.**

1. Il voit des chefs de barricades ? ....

2. Que lisent les gens ? ....

3. Il y a du soleil ?..

4. Il y a de la pluie ? ....

5. Il entend du bruit ? ....

6. Il rencontre des jeunes dans les rues ? ....

7. Il y a des vieux ? ....

8. Il a encore de l'espoir pour la République ? ....

2 **Complétez avec *de* ou *des*.**

1. Dans la rue, il a rencontré .... jeunes indifférents.

2. Ils ont construit .... solides barricades.

3. Nous avons appris .... nouvelles terribles !

4. Ils ont constitué .... sociétés secrètes.

5. Ils se sont enfuis dans .... rues étroites.

6. Il y a .... vieilles maisons pour se cacher.

7. Nous avons rencontré .... républicains convaincus.

8. Ils ont connu .... moments difficiles.

9. Ils attendent .... meilleures années.

Coup d'État du
2 décembre 1851 :
la République est
renversée.
(Bibliothèque
Nationale)

SUIVEZ LE GUIDE

Paris-Triomphe, c'est le Paris de trois grandes époques historiques : Le Paris du « Grand siècle à la Révolution », celui du Premier Empire et celui du Second Empire marqué par les travaux du Baron Haussmann.

DU GRAND SIÈCLE À LA RÉVOLUTION

Les rois Louis XIV, Louis XV et Louis XVI ont peu séjourné à Paris, lui préférant le luxe et la tranquillité de Versailles. Cependant, Paris reste la « vitrine » de la France, et les architectes qui ont créé Versailles embellissent la ville, y construisent des places où triomphe l'équilibre classique, mêlé au gigantisme d'une monarchie qui affirme sa puissance.

La Place de la Concorde.

La Place de la Concorde

Créée pour recevoir le monument équestre de Louis XV, la place s'appelle à l'origine Place Louis XV. L'architecte Gabriel lui donne une forme octogonale, fermée uniquement au nord par deux constructions luxueuses : l'Hôtel de la Marine et l'actuel Hôtel Crillon.

Mais sous la Révolution, la statue du roi Louis XV est abattue et remplacée par la sinistre guillotine ; la place est alors rebaptisée Place de la Révolution. Des centaines d'hommes et de femmes montent à l'échafaud, dont Danton et la Reine Marie-Antoinette. Sous le Directoire, la place prend son nom actuel : Place de la Concorde, en signe de réconciliation. Les embellissements successifs sont dus à l'architecte allemand Hirtoff.

1   À L'ÉCOUTE

La Place de la Concorde
Écoutez le guide qui décrit la Place de la Concorde et complétez le texte.

Au .... de la place, se dresse l'Obélisque de Louxor. Il date du
.... siècle avant J.C. et a été offert au .... Charles X par le vice-
roi d'Égypte. C'est Louis-Philippe qui a décidé de l'ériger sur cette place en 1836,
car c'est un .... « politiquement neutre ». Sur l'Obélisque sont gravés les
hiéroglyphes que l'égyptologue Champollion déchiffrera. Sur le socle, on a
reproduit les .... qui ont servi à transporter et à ériger ce monument,
formé d'une seule pierre de .... tonnes !

.... et .... de l'Obélisque se trouvent deux magnifiques
....................., allégories du Commerce et de l'Industrie, et de la Navigation et de
la Pêche.

Aux huit .... de la place des statues symbolisent huit villes de France :
Rouen face à l'hôtel Crillon , et, en poursuivant dans le sens des aiguilles d'une
....................., Lille, Strasbourg, Lyon, Marseille, Bordeaux, Nantes et Brest.

.... et .... de la place se dressent deux groupes équestres de
marbre : .... les statues de Strasbourg et de Lyon, Les Chevaux ailés du
sculpteur Coysevox ; ...., les Chevaux de Marly, de Guillaume Coustou.
Il s'agit de copies car les originaux se trouvent au Louvre.

La Place Vendôme

La Place Vendôme réalisée à la fin du XVIIe siècle, est aménagée à partir d'un projet de l'architecte Mansart. Appelée Place Louis le Grand, elle accueille à l'origine une statue équestre de Louis XIV. Mais sous la Révolution, la statue connaît le sort de toutes les statues royales : elle est détruite. On érige à sa place en 1810 la colonne d'Austerlitz. Voulue par Napoléon sur le modèle de la colonne Trajane à Rome, elle est entourée d'une spirale en bronze, provenant de 1250 canons pris à Austerlitz et fondus. Abattue sous la Commune, la colonne est remise en place sous la Troisième République.

Toute la place est bordée de constructions de style classique : un rang d'arcades au rez-de-chaussée, surmonté de deux étages.

Aujourd'hui, la Place Vendôme est le symbole du luxe, et les vitrines des plus grands joailliers s'y disputent l'attention : Cartier, Boucheron, Van Cleef ; le célèbre hôtel Ritz, le plus luxueux de Paris, voit défiler les « mythes » de notre époque...

La Place Vendôme et la colonne d'Austerlitz.

LE PREMIER EMPIRE

C'est la gloire militaire que célèbre le Premier Empire, avec des édifices qui s'inspirent des monuments romains : les arcs de triomphe.

L'Arc de Triomphe

L'arc est construit de 1806 à 1836, au centre de la place de l'Étoile, pour célébrer la Grande Armée napoléonienne. Il mesure 50 m de haut et 45 m de large.
L'extérieur est décoré de bas-reliefs, dont *La Marseillaise* du sculpteur Rude.
À l'intérieur, sont gravés les noms des batailles auxquelles l'armée française a participé. Une vaste salle souterraine abrite un musée consacré aux guerres napoléoniennes et à la première guerre mondiale.

En 1920, les restes d'un soldat tombé sur les champs de bataille de Verdun, ont été transférés sous l'Arc de Triomphe. Les jours de commémorations officielles, le 14 juillet, le 11 novembre, ou encore à l'occasion de visites de chefs d'état étrangers, le Président de la République ranime la flamme du souvenir sur le tombeau du soldat inconnu.
L'arc a retrouvé une deuxième jeunesse en 1989, quand il a été restauré et consolidé, à l'occasion du deuxième centenaire de la prise de la Bastille.

L'Arc de Triomphe.

L'Arc du Carrousel

L'Arc du Carrousel.

Il a été construit sur la place du Carrousel de 1806 à 1808, pour célébrer les victoires napoléoniennes de 1805 : Austerlitz, Ulm, etc. Les huit colonnes de marbre rose qui le composent sont surmontées de statues de soldats des diverses armes. Au sommet de l'arc, Napoléon avait fait placer un groupe équestre, enlevé à la Basilique Saint-Marc de Venise. Ce groupe, repris par les Vénitiens à la chute de Napoléon, a été remplacé par une œuvre du sculpteur Bosio : un quadrige [1] conduit par une déesse qui symbolise la Restauration.

Rue de Rivoli

Napoléon a voulu la construction de cette rue pour célébrer sa victoire sur les Autrichiens à Rivoli Veronese. La rue, qui unit la Place de la Concorde à la Place de la Bastille, a été agrandie par Haussmann. C'est une rue raffinée, bordée d'arcades et de façades élégantes, de style néoclassique.

Rue de la Paix

D'abord baptisée Rue Napoléon, elle relie la place de l'Opéra à la place Vendôme. On y trouve aujourd'hui les ateliers des grands couturiers et des magasins luxueux.

1. **quadrige** : char tiré par quatre chevaux.

LE SECOND EMPIRE

Le Second Empire pour Paris, c'est la période des grands travaux : le visage de la ville change radicalement, avec la percée des boulevards et l'agrandissement des places. Ces dernières ne sont plus un décor où le pouvoir royal affirme sa puissance, mais un lieu « stratégique » où plusieurs rues se recoupent.

L'Opéra

L'architecte Charles Garnier a 35 ans quand il gagne le concours lancé en 1860 pour la construction de l'Opéra. Le grand théâtre lyrique ne sera inauguré qu'en 1875, déjà sous la Troisième République. Imposant, somptueux, de style néobaroque, c'est le monument le plus représentatif du style Second Empire..

L'Opéra domine la place de l'Opéra. Le premier niveau de la façade est formé de sept arcades,

L'escalier monumental.

L'Opéra Garnier.

ornées de nombreuses statues. Le groupe original de « La Danse » de Carpeaux , a été remplacé par une copie, et est exposé au musée d'Orsay.
À l'intérieur, un grand escalier monumental, en marbres blanc, rouge et vert mène au foyer. Le plafond de la salle de représentation a été peint par Chagall en 1964.

La Place Charles de Gaulle

Sous le baron Haussmann, le nombre des avenues qui convergent sur cette place immense, de 120 m de diamètre, passe de 5 à 12. Une étoile à 12 branches dessinée par terre, donne son nom à la place : Place de l'Étoile. En 1970, année de la mort de Charles de Gaulle, la place est rebaptisée et prend le nom de l'ex-président de la République. Mais pour beaucoup de Parisiens et de Français, elle reste la Place de l'Étoile.

Les grands boulevards

« Viens faire un tour sur les grands boulevards, y a tant de choses tant de choses à voir... » chantait Yves Montand. Ces boulevards, voulus par Haussmann, relient les monuments et les édifices les plus importants de Paris. Dès leur création, le Boulevard des Capucines, le Boulevard Haussmann, le Boulevard de la Madeleine, etc. deviennent des lieux de promenade et de représentation, pour la bourgeoisie du Second Empire. On y construit de grands magasins, des cafés élégants, et des théâtres où l'on joue des pièces légères, des vaudevilles, qui présentent avec complaisance et humour les vices et les défauts de la bourgeoisie parisienne. Aujourd'hui, l'expression « Théâtre de boulevard » désigne encore un théâtre de mœurs, léger et divertissant.

Une vue du haut de l'Arc de Triomphe.

1   **Où sont-ils ?**

Sur quelle place se trouvent les monuments ou les édifices suivants ?

1. La colonne d'Austerlitz
2. Les chevaux de Marly
3. *La Marseillaise* de Rude
4. L'Obélisque de Louxor
5. Le tombeau du soldat inconnu
6. Le Ritz

a. Place Charles de Gaulle
b. Place de la Concorde
c. Place Vendôme

La Marseillaise de Rude.

La colonne d'Austerlitz.

Cheval de Marly de Coustou.

(À VOIR AUSSI)

Les Champs-Élysées

Cette imposante avenue, de 1,910 km de long et 88 m de large, relie la place Charles de Gaulle à la Place de la Concorde.

Jusqu'au XVIe siècle, c'était une zone de champs et de marais. Au début du XVIIe, Marie de Médicis fait tracer le Cours de la Reine, qui part du château des Tuileries et qui longe la Seine. Le Cours de la Reine devient une promenade élégante, parcourue par les carrosses. Plus tard, l'architecte André Le Nôtre fait aménager le Grand Cours qui prolonge le cours de la Reine. Au XVIIIe siècle enfin, l'avenue prend son nom actuel.

Les Champs-Élysées ont été le théâtre des grandes heures de la vie parisienne. Descendre ou remonter les Champs-Élysées, cela veut dire avoir atteint le sommet de la gloire.

---

1   **Associez les dates et les événements.**

1. 2 août 1998	**a.**	Paris est libéré : le Général de Gaulle descend les Champs-Élysées à la tête des Forces Françaises Libres.
2. 25 août 1944	**b.**	Le champion cycliste Marco Pantani triomphe sur les Champs-Élysées : c'est le vainqueur du Tour de France.
3. 13 juillet 1998	**c.**	De la tribune officielle, le Président de la République François Mitterrand assiste pour la première fois au défilé militaire de la fête nationale.
4. 14 juillet 1981	**d.**	Les Bleus, vainqueurs de la coupe du monde, descendent les Champs-Élysées sur un drôle d'autobus...

(FAITES LE POINT)

1 **Si vous avez bien lu ce chapitre, vous trouverez sans difficulté les huit bonnes réponses.**

   1. Il avait sa statue sur l'actuelle Place de la Concorde. C'est
- [ ] Louis XIII
- [ ] Louis XV
- [ ] Louis-Philippe

   2. Les plus célèbres joailliers de Paris y ont leur magasin. C'est
- [ ] la Place de la Concorde
- [ ] la Place Vendôme
- [ ] la Place de la Bastille

   3. Aux huit coins de la Place de la Concorde, des statues évoquent
- [ ] huit villes de France
- [ ] huit victoires de Napoléon
- [ ] huit reines de France

   4. Le Baron Haussmann a été
- [ ] premier ministre
- [ ] banquier
- [ ] préfet de Paris

   5. Le plafond de l'Opéra a été peint par
- [ ] Chagall
- [ ] Toulouse-Lautrec
- [ ] Monet

   6. On doit à Charles Garnier
- [ ] les chevaux de Marly
- [ ] les plans de l'Arc de Triomphe
- [ ] l'Opéra de Paris

   7. Ce monument est fait avec le bronze fondu de nombreux canons. C'est
- [ ] l'Obélisque de la Place de la Concorde
- [ ] l'Arc de triomphe du Carrousel
- [ ] la Colonne d'Austerlitz

   8. Il a sculpté *La Marseillaise* sur l'Arc de Triomphe. C'est
- [ ] Carpeaux
- [ ] Rude
- [ ] Coustou

▶ Trouver un appart [1] à Paris

Aline et Antoine sont assis à la terrasse d'un café.

Aline : Qu'est-ce que tu fais ? Tu lis les petites annonces ?

Antoine : Oui. Après le bac, je veux m'inscrire à la fac à Paris ! Je pourrais trouver une chambre... ou partager un appart avec des copains. Tu imagines ! Sur l'île Saint-Louis, ou encore au Quartier latin, ou près de la Tour Eiffel, ou...

Aline : Oh là, tu rêves, mon vieux !

Antoine : Pourquoi ? Un appart à plusieurs, c'est possible !

Aline : Oui... mais pas dans le seizième ! C'est l'arrondissement le plus cher de Paris ! Je ne te vois pas au milieu des Nap... !

Antoine : NAP !?

Aline : Nap, c'est Neuilly, Auteuil, Passy : les quartiers ouest, les plus chic... et les plus chers !

Antoine : Et alors ? de quel côté je peux chercher ?

Aline : Le quinzième... c'est un peu cher, mais il y a plein d'appartements neufs. Les proprios [2] en louent beaucoup aux étudiants. C'est pas mal comme quartier...

Antoine : C'est où, le quinzième ?

1. **appart** : abréviation d'appartement.
2. **proprio** : abréviation de propriétaire.

Aline : Vers Montparnasse. Sinon, si tu aimes le pittoresque, il y a Belleville... Le quartier est à la mode maintenant.

Antoine : Belleville ? C'est où ?

Aline : Au nord. C'est l'arrondissement le plus exotique de Paris ! C'est toujours très animé.

Antoine : Et pourquoi c'est à la mode ?

Aline : Parce que les intellos et les artistes ont redécouvert le quartier. Et bien sûr, l'immobilier suit les modes ! Alors les prix montent, mais c'est encore abordable ! Sinon, tu pourrais aussi chercher en banlieue !

Antoine : Oh non ! La banlieue, non ! Métro, boulot, dodo, ce n'est pas pour moi ! Si je viens à Paris, c'est pour vivre en ville ! Pour sortir le soir ! Dis, tu m'aideras à chercher ?

Aline : Bien sûr ! Mais passe d'abord ton bac !

LE MARCHÉ IMMOBILIER À PARIS

1er, IIe, IIIe, IVe
Le cœur battant de la capitale
Certes, les étrangers font toujours flamber le Marais, mais les 1er et IIe arrondissements offrent encore de belles occasions.

VIIe, VIIIe, XVIe, XVIIe
Le chic redevient cher
Ces quatre arrondissements sont réservés aux riches, à l'exception du très hétérogène XVIIe.

Ve et VIe
Quand on y est, on y reste
Ici, l'offre est rare et chère. À moins de choisir les quartiers bruyants ou les appartements mal situés.

XVII

IX

VIII

I

XVI

VII

VI

XV

XIV

IXᵉ et Xᵉ
Le paradis des jeunes cadres
De bonnes occasions à saisir,
dont de rares et beaux lofts [1].

XVIIIᵉ, XIXᵉ, XXᵉ
Pour Parisiens débutants
À condition d'éviter les Buttes-
Chaumont et Montmartre, le
nord sait se faire accueillant aux
jeunes ménages.

XIᵉ et XIIᵉ
Ça bouge donc ça grimpe
On bâtit, on rénove, on
s'amuse : il y en a encore
pour toutes les bourses.

XIIIᵉ, XIVᵉ, XVᵉ
De tout, à tous les prix
Changeant d'un quartier à l'autre, ces
trois arrondissements peuvent être
aussi inabordables que bon marché.

1. **loft** : local commercial ou industriel transformé en habitation.

À SAVOIR

Les arrondissements : une division administrative et sociale

Une avenue du 8e arrondissement.

La ville de Paris est divisée administrativement en 20 arrondissements qui s'agencent le long d'une spirale imaginaire, qui part de la Place de la Concorde.

Chaque arrondissement est comme une petite commune, avec son maire et son conseil municipal. Mais les mairies d'arrondissement ont en réalité peu de pouvoirs réels : toutes les décisions importantes dépendent du maire de Paris, et sont prises à l'Hôtel de Ville.

Aujourd'hui, les arrondissements marquent une division sociale, plus qu'une division administrative. Les arrondissements situés à l'ouest (le 16e, la proche banlieue de Auteuil, Passy, Neuilly) sont « huppés », chic ; ceux de l'est et du nord sont plus populaires. C'est là que se concentre la population d'origine étrangère, dans le quartier de la Goutte d'Or ou à Belleville.

Marché à Saint-Denis.

Le maire de Paris.

Jusqu'en 1975, Paris avait un statut particulier, différent de celui de toutes les autres communes françaises : en effet, à la tête de la ville, il n'y avait pas un maire élu par les Parisiens, mais un Préfet, nommé directement par le Ministre de l'Intérieur. C'est lui qui était chargé d'administrer la ville, et surtout d'assurer la sécurité. Depuis 1975, le statut de Paris a changé : comme dans toutes les autres villes de France, le maire est élu au suffrage universel direct à deux tours. Son mandat dure 6 ans.

Jacques Chirac a été le premier maire de Paris. Il a été élu en 1977. En 1995, quand il devient Président de la République, il doit abandonner l'Hôtel de Ville pour l'Élysée. Jean Tiberi succède à Jacques Chirac.

L'Hôtel de Ville

L'Hôtel de ville, résidence du maire de Paris, se trouve sur l'actuelle Place de l'Hôtel de Ville, tout près de la Seine, en face de l'île de la Cité.

Cette place était autrefois appelée Place de Grève, et les Parisiens sans travail s'y retrouvaient. De là viendrait d'ailleurs l'expression « faire grève ». Sous l'Ancien Régime, les condamnés à mort étaient suppliciés sur cette place.

La construction de l'Hôtel de Ville, commencée au début du XVIe siècle, sur les plans de l'architecte italien Domenico Bernabei, s'est terminée au XVIIe siècle. Incendié par les Fédérés sous la Commune (1871), il a été complètement reconstruit à la fin du XIXe siècle. Les façades de style néobaroque sont richement ornées ; de nombreuses niches abritent des statues représentant des personnages célèbres et symbolisant des villes françaises. À l'intérieur, l'escalier monumental, la salle des fêtes et les salons richement décorés, aux lustres étincelants, reflètent le goût de la fin du siècle dernier.

L'Hôtel de Ville.

GRAMMAIRE

Voici un extrait du roman de Tahar Ben Jelloun, Les yeux baissés. *La narratrice est une petite fille qui habite depuis peu à Paris. Elle est venue du Maroc. Un jour, elle part toute seule à la découverte de Paris et elle se perd.*

« **Ce jour-là,** le ciel avait une lumière et des couleurs superbes. Je marchais la tête relevée, émerveillée par le changement subtil des tons et des petits nuages transparents, traversés de bleu, de mauve, et de rouge et de jaune [...]

Au moment où le ciel commença à perdre ses lumières, je décidai de me poser le problème du retour. Je m'arrêtai face à une immense bâtisse où il y avait beaucoup de touristes [...] Je m'approchai d'un agent de police [...] Je l'appelai ; il ne m'entendait pas. **Alors** je tirai sur la manche de sa veste. »

LES CONNECTEURS CHRONOLOGIQUES

Ce jour-là, *au moment où*, *alors* indiquent la succession des actions dans le temps. Ce sont des connecteurs temporels.

---

1   **Regroupez selon leur sens les connecteurs suivants.**

quand – au début – à la fin – finalement – puis – lorsque – tout d'abord – ensuite

tout de suite – au moment où – immédiatement – après – d'abord – enfin

.....d'abord.....	.....quand.....	......puis......	......enfin......
....	....	....	....
....	....	....	....
....	....	....	....
....	....	....	....

2   **Voici ce que pourrait dire l'agent à la petite fille pour l'aider. Remplacez les connecteurs temporels par un synonyme.**

(Tout d'abord) .... tu vas tout droit. (Ensuite) .... (lorsque) .... tu arrives près du magasin, tu prends la première à droite. (Immédiatement) .... après, tu prends la première à gauche. Tu marches encore pendant cent mètres, et (finalement) .... tu arrives chez toi !

PASSER DU STYLE DIRECT AU STYLE INDIRECT

Pour passer du style direct au style indirect, il faut :

* introduire chaque phrase du dialogue par un verbe : *demander, dire, répondre...*

    Je voudrais visiter le Louvre, dit Paul. → *Paul **dit** qu'il voudrait visiter le Louvre.*

* faire attention aux pronoms personnels :

    Je veux visiter le Louvre avec vous ! me dit-il. → *Il dit qu'il veut visiter le Louvre avec **moi**.*

* faire attention aux locutions interrogatives :

    Est-ce que tu veux visiter le musée ? → *Il veut savoir **si** je veux visiter le musée.*

    Qu'est-ce que tu fais ce soir ? → *Il me demande **ce que** je fais ce soir.*

    Qu'est-ce qui t'intéresse ? → *Il me demande **ce qui** m'intéresse.*

3 **Voici la suite des aventures de la petite immigrée. Le dialogue est au style direct. Transformez-le au style indirect.**

« Monsieur, monsieur, c'est quoi cette grande maison ?

– Ce n'est pas une maison, c'est une cathédrale. C'est Notre-Dame de Paris... Qu'est-ce que tu veux ?

– Comment aller chez moi...

– Et où c'est chez toi ?

– Là-bas... Non là-bas, de l'autre côté... Près de chez nous, il y a la boucherie Halal [...] Près de chez nous, il y a « Tati [1]».
Ce fut le mot magique. Je devrai toujours à Tati de m'avoir sauvée... Le policier en conclut que j'habitais dans le quartier arabe du Nord. Il me dit :

– Tu habites Barbès, La Goutte-d'Or ?

– Non, j'habite le quartier 18.

– Oui, c'est ça. Si je t'y amène, tu sauras retrouver la rue ?

– Bien sûr ».

1. **Tati** : nom d'un grand magasin situé dans le 18e, réputé pour ses prix très bas.

(SUIVEZ LE GUIDE)

Les palais du pouvoir

En France, depuis Napoléon, le pouvoir est centralisé. Les efforts de « régionalisation », les expériences pour transférer le pouvoir de Paris vers la province n'ont pas eu de succès ; c'est toujours dans la capitale que se prennent les décisions qui concernent le pays, et c'est donc à Paris que se trouvent les « palais du pouvoir ».

Le pouvoir politique

Le Palais de l'Élysée

Situé au 55, rue du Faubourg Saint-Honoré, c'est depuis 1873 (date de la proclamation de la Troisième République) la résidence officielle du Président de la République.

Avant de recevoir les représentants du peuple français, ce palais a vu se succéder bien des propriétaires célèbres : Madame de Pompadour (favorite du roi Louis XV), Napoléon 1er, l'impératrice Joséphine, Louis-Philippe et Louis Napoléon... Pendant

la Révolution, le palais devient plus « populaire », puisque on y aménage des boutiques et des appartements, et on transforme les jardins en parc de divertissements.

Le corps principal de la construction, due à l'architecte Mollet, remonte au début du XVIIIe siècle. Les ailes latérales ont été ajoutées plus tard. Le Palais de l'Élysée est plongé au cœur d'un parc immense et magnifique, où le 14 juillet, le Président de la République reçoit ses invités : hommes politiques, personnalités du spectacle et du sport... L'intérieur reflète les goûts des premiers propriétaires du palais : ameublement ancien et précieux, décoration luxueuse et raffinée. Quant aux locataires actuels, les

Le Palais de l'Élysée.

Présidents de la République, ils ne devraient pas laisser de traces de leur passage. Seul le Président Georges Pompidou a fait exception à la règle : grand amateur d'art contemporain, il a fait entrer à l'Élysée des meubles et des œuvres d'art modernes.

L'Hôtel Matignon.

L'Hôtel Matignon

Situé dans le Faubourg Saint Germain, au 57, rue de Varenne, l'hôtel Matignon est depuis 1958 (date de la naissance de la Ve République) la résidence du Premier Ministre. Construit au début du XVIIIe siècle, il doit son nom à l'un de ses anciens propriétaires, Jacques de Goyon, qui avait le titre de « Seigneur de Matignon ».

Bercy

Depuis quelques années seulement, les services du Ministère des Finances se trouvent à Bercy. Auparavant, ils étaient hébergés dans une aile du Louvre, avant les travaux d'aménagement du Grand Louvre. Le nouveau quartier de Bercy, situé près de la gare d'Austerlitz, est ultramoderne. Outre le Ministère des Finances, on y trouve un immense complexe sportif.

Le Ministère des Finances à Bercy.

Le Palais Bourbon

(126, rue de l'Université)
Le Palais Bourbon, ainsi appelé
parce qu'il a été construit pour
la Duchesse de Bourbon, au
début du XVIIIe siècle, abrite
aujourd'hui l'Assemblée
Nationale où siègent les 577
députés français.
Réquisitionné par le peuple
après la Révolution, le palais a
été modifié et agrandi. Le
portique classique, orné de
colonnes corinthiennes
surmontées d'un imposant
fronton, a été ajouté entre

Le Palais Bourbon.

Le Palais du Luxembourg, siège du Sénat.

1802 et 1804, pour faire pendant à l'église de la Madeleine, qui se trouve juste en face, de l'autre côté de la Seine.

Parmi les artistes qui ont travaillé à sa décoration, il faut citer Delacroix, auteur d'une *Histoire de la Civilisation* qui se trouve dans la magnifique bibliothèque de la Chambre des députés.

Le Palais du Luxembourg

Situé dans le VIᵉ arrondissement, c'est le siège du Sénat qui compte 317 sénateurs. Le palais remonte au début du XVIIᵉ siècle, quand Marie de Médicis, veuve du roi Henri IV, en confie la construction à l'architecte Salomon de Brosse. Le palais est bâti sur le modèle du Palais Pitti de Florence, et représente une synthèse des goûts florentins et français. Contrainte à l'exil par le Cardinal de Richelieu, Marie de Médicis n'a jamais habité dans cette résidence. Sous la Révolution, le Palais du Luxembourg est transformé en prison, avant de devenir le siège du Sénat, par la volonté de Napoléon 1ᵉʳ. Des fresques de Delacroix ornent la bibliothèque. Quant aux 24 toiles allégoriques, peintes par Rubens pour glorifier Marie de Médicis dans la galerie du Palais, elles ont été transférées au Louvre.

1 Très souvent, on désigne la fonction par le lieu : ainsi, au lieu de dire « les sénateurs », on dira « Le Luxembourg ». À quel(s) personnage (s) se rapportent les titres des journaux suivants ?

1. Les Députés
2. Le Premier Ministre
3. Le Président de la République
4. Le Ministre des Finances

a. **Bientôt une femme à l'Élysée ?**

b. **Matignon : non au chantage !**

c. *Bercy : la pression fiscale est trop forte !*

d. **Le Palais Bourbon vote la confiance.**

2   À L'ÉCOUTE

Les locataires des Palais du Pouvoir
Écoutez ces interviews imaginaires et remplissez les fiches de nos hommes politiques.

1. **Président de la République**
    nommé ☐   élu ☐
    suffrage universel direct ☐   suffrage universel indirect ☐
    scrutin uninominal à un tour ☐   à deux tours ☐
    durée du mandat 3 ans ☐   5 ans ☐   7 ans ☐   9 ans ☐   indéterminée ☐

2. **Premier Ministre**
    nommé ☐   élu ☐
    suffrage universel direct ☐   suffrage universel indirect ☐
    scrutin uninominal à un tour ☐   à deux tours ☐
    durée du mandat 3 ans ☐   5 ans ☐   7 ans ☐   9 ans ☐   indéterminée ☐

3. **Député**
    nommé ☐   élu ☐
    suffrage universel direct ☐   suffrage universel indirect ☐
    scrutin uninominal à un tour ☐   à deux tours ☐
    durée du mandat 3 ans ☐   5 ans ☐   7 ans ☐   9 ans ☐   indéterminée ☐

4. **Sénateur**
    nommé ☐   élu ☐
    suffrage universel direct ☐   suffrage universel indirect ☐
    scrutin uninominal à un tour ☐   à deux tours ☐
    durée du mandat 3 ans ☐   5 ans ☐   7 ans ☐   9 ans ☐   indéterminée ☐

Le pouvoir judiciaire

Le Palais de Justice

Le pouvoir judiciaire parisien est concentré à l'extrémité de l'île de la Cité. Construit sur l'emplacement d'une forteresse gallo-romaine, l'immense Palais de Justice englobe les bâtiments de la Conciergerie, sur le quai de l'Horloge. Ce lieu, théâtre de maintes disputes judiciaires, était autrefois l'un des plus animés de Paris.

Le Quai des Orfèvres

Sur le quai opposé se trouvent les bureaux de la P.J. : la police judiciaire. C'est le célèbre « Quai des Orfèvres » où le légendaire inspecteur Maigret a résolu les cas les plus difficiles. Le nom évoque encore le temps où cette rive de l'île de la Cité était le centre de la joaillerie parisienne, au XVIIe et au XVIIIe siècles.

Le Palais de Justice contigu à la Sainte-Chapelle.

Le pouvoir de l'argent

La Bourse

Le Palais Brongniart, du nom de l'architecte qui l'a construit au début du XIXe siècle, accueille depuis 1826 la Bourse de Paris. Cet édifice néoclassique voulu par Napoléon 1er est entouré de colonnes corinthiennes, comme l'église de la Madeleine. Il se trouve à égale distance de l'Opéra et des jardins du Palais-Royal.

Si vous voulez vous initier aux secrets des transactions financières, des visites guidées sont prévues.

L'Hôtel des Monnaies

L'Hôtel des Monnaies se trouve sur le quai de Conti, entre le Pont-Neuf et le Pont des Arts. C'est un édifice à l'architecture sobre, construit par l'architecte Antoine à la fin du règne de Louis XV.

C'est là que l'on « battait la monnaie », que l'on produisait les pièces, les francs et les centimes. Aujourd'hui, les ateliers ne fonctionnent plus que pour battre des monnaies commémoratives et de collection. Les ateliers de frappe ont en effet été transférés en province, en Gironde.

L'hôtel des Monnaies abrite un intéressant musée, où l'on peut admirer des pièces anciennes et rares, les outils et les instruments qui servaient à la frappe, des tableaux et des documents sur l'histoire de la monnaie en France.

L'Hôtel des Monnaies.

FAITES LE POINT

1   Dites si les affirmations suivantes sont vraies ou fausses.

		V	F
1.	Le Président de la République réside à l'Hôtel Matignon.	☐	☐
2.	La ville de Paris est divisée en 20 arrondissements.	☐	☐
3.	Les maires d'arrondissement ont beaucoup de pouvoirs.	☐	☐
4.	Les arrondissements de l'est de Paris sont les plus chic.	☐	☐
5.	La Goutte d'Or est une célèbre bijouterie.	☐	☐
6.	Les députés siègent au Palais Bourbon.	☐	☐
7.	La Bourse est le siège du Ministère des Finances.	☐	☐
8.	Le Président de la République est élu pour 5 ans.	☐	☐
9.	Le Ministère des Finances se trouve au Quai des Orfèvres.	☐	☐
10.	Le Palais de Justice est sur l'île de la Cité.	☐	☐

INFORMATIONS UTILES

OFFICE DU TOURISME
127, avenue des Champs-Élysées
Tél : 0149525354
Fax : 0149525300

COMITE REGIONAL DU TOURISME D'ILE
DE FRANCE
26, avenue de l'Opéra
75001 PARIS
Tél : 0142602862
Fax : 0142602023

TRANSPORTS PUBLICS (RATP)
Métro, Bus, RER
Tél : 0836687714

FEDERATION UNIE DES AUBERGES
DE JEUNESSE
27, rue Pajol
75018 PARIS
Tél : 0144898727
Fax : 0144898749

FIAP JEAN MONNET
(Centre international
d'accueil de Paris)
30, rue Cabanis
75014 PARIS
Tél : 0143131700
Fax : 0145816391

BVJ
(Bureau des Voyages de la Jeunesse)
20, rue Jean-Jacques Rousseau
75001 PARIS
Tél : 0153009090
Fax : 0153009091

CIUP
(Cité Internationale Universitaire de Paris)
19, boulevard Jourdan
75014 PARIS
Tél : 0144166400

CAMPING DU BOIS DE BOULOGNE
Allée du bord de l'eau
75016 PARIS
Tél : 0145243000
Fax : 0142244295

REVUES DES SPECTACLES
L'Officiel des spectacles, Paris en fête,
Pariscope, Allo Ciné
Tél : 0140302010

VISITES GUIDEES
Caisse Nationale des Monuments
Historiques et des Sites
Tél : 0144612150

VISITES CONFERENCES
Tél : 0144612169

POUR APPRENDRE LA LANGUE

ALLIANCE FRANÇAISE
101, Boulevard Raspail
75006 PARIS
Tél : 0145443828
Fax : 0145491582

CENTRE EXPERIMENTAL D'ETUDE
DE LA CIVILISATION FRANÇAISE
ASSOCIE A L'UNIVERSITE DE
PARIS-SORBONNE
47, rue des Écoles
75005 PARIS
Tél : 0140462211
Fax : 0140463229

SITES INTERNET

LE LOUVRE
http://www.louvre.fr

MUSEE D'ORSAY
http://www.musee-orsay.fr

CENTRE GEORGES POMPIDOU
http://www.centre Pompidou.fr

MUSEE NATIONAL DES CHATEAUX DE
VERSAILLES ET DE TRIANON
http://www.chateauversailles.fr

MUSEE RODIN
http://www.musee-rodin.fr

MUSEE DE LA MUSIQUE-LA VILLETTE
http://www.cite-musique.fr

CITE DES SCIENCES ET DE
L'INDUSTRIE
http://www.cite-sciences.fr

SOLUTIONS DES JEUX

page 79

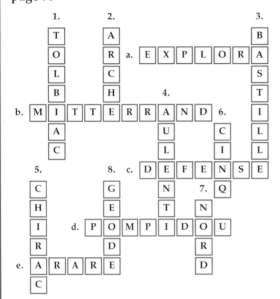

page 109

page 93

HIPPODROME

TRANSCRIPTION DES EXERCICES D'ÉCOUTE

1 PARIS MÉTAL

Les gares de Paris
1. Le train en provenance de Munich entre en gare voie E.
2. Le T.G.V. 532 en provenance de Rennes entre en gare voie 8.
3. Le train n. 134 pour Londres partira quai 3.
4. Le train de 9h15 en provenance de Rome est annoncé avec 10 mn de retard.
5. Le train en provenance de Bilbao entre en gare voie 9.
6. Les voyageurs pour Bruxelles sont priés de se rendre quai 2.
7. Le train en provenance de Lyon entre en gare voie 8.

L'Art Nouveau
L'Art Nouveau est un mouvement international, qui apparaît à la fin du XIXe siècle, en 1890. Ce mouvement touche l'architecture, mais aussi les arts décoratifs. Il se propose de réaliser la fusion entre le côté pratique et le côté esthétique…
Le Musée d'Orsay propose des exemples admirables de l'Art Nouveau.
La salle à manger que vous pouvez voir maintenant a été conçue pour la villa du banquier Adrien Bénard à Champrosay par l'architecte Alexandre Charpentier. Comme vous le voyez, différents matériaux forment un ensemble harmonieux. Les meubles sont en bois : acajou, chêne, peuplier ; la fontaine au fond est en céramique et en grès.
Les lignes courbes sont caractéristiques de l'Art Nouveau européen. Elles donnent une grande harmonie et une grande légèreté à l'ensemble. Les décorations en bronze évoquent des éléments de la nature.

4 PARIS MÉMOIRE

La Dame à la Licorne
Chef-d'œuvre de la tapisserie du XVe siècle, la Dame à la Licorne représente une dame richement habillée, entourée d'un lion et d'une licorne. Elle est composée de 6 pièces qui représentent les cinq sens : le toucher, la vue, l'ouïe, le goût, l'odorat. La sixième pourrait représenter le renoncement aux biens de ce monde.

5 LE PARIS DES PRÉSIDENTS

Le Stade de France
Marc : Dimanche, on inaugure le Stade de France, tu viens ?
Paul : Ah oui, et c'est où ?
Marc : Mais tu ne lis jamais les journaux ? À Saint-Denis voyons !
Paul : Ah bon et comment il est ce stade ?
Marc : Immense : il mesure 320 mètres de long, 280 mètres de large et 46 mètres de haut et il pèse 500 000 tonnes !
Paul : Mais il est colossal !
Marc : Colossal et futuriste surtout. Tu sais à quoi il ressemble ?
Paul : Non, à quoi ?
Marc : À une gigantesque soucoupe volante ! Il contient 80 000 places, 19 ascenseurs, 2 restaurants et 43 bars-buvettes et 1 200 accès pour les handicapés.
Paul : Jamais rien vu de pareil !
Marc : Et en plus, deux écrans vidéo pour mieux voir le match. Alors tu viens ?
Paul : Je ne manquerai ça pour rien au monde ! À dimanche !

6 PARIS NATURE

Imparfait ou conditionnel ?
1. J'aimerais partir à cinq heures.
2. Tu désirais revoir le vieux Paris avant de retourner en Italie.
3. Il fallait embarquer à 9h 45.
4. Il serait utile de téléphoner avant de partir.
5. Si vous aviez de la chance, vous pourriez gagner cette course.
6. Tu devrais organiser un dîner d'affaires sur un bateau.
7. Faire une croisière sur les canaux de Paris, ce serait magnifique !
8. Vous pourriez voir l'Hôtel du Nord, si vous preniez ce bateau.

7 PARIS RELIGIEUX

La comédie musicale : Notre-Dame de Paris
Dans votre spectacle, vous avez mis sur scène les personnages de Victor Hugo, et vous en avez fait des personnages contemporains... Esmeralda par exemple.
– Oui, Esmeralda, pour moi, c'est une femme sensuelle, qui chante et danse. Mais c'est aussi l'étrangère, qui fascine, qui attire, et qui fait peur parce qu'elle semble tellement différente des autres femmes !
– Mais Frollo ? C'est un homme du Moyen-Âge, un homme d'église ! !
– Oui, bien sûr... Mais c'est un personnage déchiré : il est attiré par la Renaissance, par les temps nouveaux... mais il en a aussi peur... Il est fasciné par Esmeralda, mais il veut chasser ses semblables, tous les pauvres, les mendiants, les exclus de la Cour des Miracles...
– Les exclus de la Cour des Miracles, pour vous, ce sont les sans-papiers d'aujourd'hui ?
– En quelque sorte, oui... Et Gringoire, le troubadour, le poète, prend conscience des violences qui sont faites à Esmeralda, aux exclus de la Cour des Miracles... et il va devenir leur porte-parole, pour dénoncer l'injustice !
– Alors, c'est le poète engagé de l'époque ?
– Eh oui !
– Et Quasimodo, dans tout ça ?
– Ah ! Quasimodo est un personnage hors du temps, un personnage universel, de toutes les époques : il est laid, boiteux, bossu, difforme, repoussant... mais il a un cœur gros comme ça !

8 PARIS INTELLO

Révolte au Quartier latin
Hier, des affrontements d'une très grande violence ont opposé, jusque tard dans la soirée, étudiants et forces de l'ordre, autour de la Sorbonne, et sur le boulevard Saint-Michel. Le bilan est lourd ; plus de 100 blessés, dont un grave parmi les policiers, 596 personnes interpellées, dont 27 sont gardées à vue. L'émeute, spontanée, a été provoquée par l'entrée des gardes mobiles dans la Sorbonne et l'arrestation de 400 étudiants qui s'y étaient rassemblés.
Une première dans l'histoire de la faculté des lettres de Paris, qui n'avait jamais subi une telle épreuve.
La journée d'hier est l'aboutissement d'une semaine marquée par l'escalade de la tension entre le mouvement étudiant et les autorités universitaires, ainsi que par la crainte d'une action violente de commandos d'extrême droite...

D'après *Libération* Vendredi 3 mai 1968

9 PARIS TRIOMPHE

La Place de la Concorde
Au centre de la place, se dresse l'Obélisque de Louxor. Il date du XIIIe siècle avant J.C. et a été offert au roi Charles X par le vice-roi d'Égypte. C'est Louis-Philippe qui a décidé de l'ériger sur cette place en 1836, car c'est un monument « politiquement neutre »...
Sur l'Obélisque sont gravés les hiéroglyphes que l'égyptologue Champollion déchiffrera.
Sur le socle, on a reproduit les machines qui ont servi à transporter et ériger ce monument, formé d'une seule pierre de 220 tonnes !
Au nord et au sud de l'Obélisque se trouvent deux magnifiques fontaines, allégories du Commerce et de l'Industrie, et de la Navigation et de la Pêche.
Aux huit coins de la place, des statues symbolisent huit villes de France : Rouen face à l'hôtel Crillon , et, en poursuivant dans le sens des aiguilles d'une montre, Lille, Strasbourg, Lyon, Marseille, Bordeaux, Nantes et Brest.
À l'est et à l'ouest de la place se dressent deux groupes équestres de marbre : entre les statues de Strasbourg et de Lyon, les Chevaux ailés du sculpteur Coysevox ; en face, les Chevaux de Marly, de Guillaume Coustou. Il s'agit de copies car les originaux se trouvent au Louvre.

10 PARIS POUVOIR

Les locataires des Palais du Pouvoir

1. - Monsieur le Président, comment
devient-on Président de la République ?
- On ne le devient pas : on est élu. C'est le
peuple qui vous choisit !
- Et comment fait-il ?
- Eh bien, tous les Français qui ont 18
ans vont voter. C'est le suffrage
universel direct !
- Et c'est le candidat qui a le plus de voix
qui est élu ?
- Non ! Il faut avoir la majorité absolue,
c'est-à-dire 50 % des voix, plus une.
- Mais c'est impossible s'il y a beaucoup
de candidats !
- Oui, c'est pratiquement impossible.
C'est pour cela qu'il y a deux tours.
Les Français vont voter deux fois :
au premier tour les candidats sont
nombreux, au deuxième il y en a
seulement deux. Celui qui obtient le plus
grand nombre de voix est élu.
- Et combien de temps dure votre
mandat.
- 7 ans ! C'est long, n'est-ce pas ?

2. - Comment devient-on Premier Ministre ?
- C'est le Président de la République qui
m'a nommé.
- Il faut être ami du Président, alors ?
- Non, bien sûr que non ! Ce serait trop
simple... et ce ne serait pas très
démocratique ! Il faut représenter la
majorité de l'Assemblée Nationale. Pour
gouverner, faire des réformes, il faut
avoir l'appui de la majorité des députés !
- Et combien de temps dure votre
mandat ?
- Ce n'est pas déterminé. En principe, il
devrait durer le temps d'une législature.
Mais le gouvernement peut tomber
avant, s'il n'a plus la confiance de
l'Assemblée Nationale.

3. - Monsieur le Député. Vous avez été
nommé par le Président ?
- Non ! J'ai été élu, démocratiquement,
par les électeurs de ma circonscription,
au suffrage universel direct et au scrutin
majoritaire à deux tours.
- Comme le Président de la République,
alors ?

- Oui, les modalités de l'élection sont
identiques.
- Et votre mandat dure 7 ans aussi ?
- Non, il est plus court, il dure seulement
5 ans.

4. - Comment devient-on sénateur ?
- On est élu sénateur.
- Par le peuple ?
- Pas vraiment. Les sénateurs sont élus au
suffrage indirect, par des représentants
du peuple, comme par exemple les
conseillers municipaux, régionaux et
même par les députés ?
- Et votre mandat dure cinq ans, comme
les députés ?
- Non, il est plus long... il dure 9 ans !
On devient vieux au Sénat ! C'est pour ça
qu'on nous appelle les « Sages »
d'ailleurs.

NOTES